全国高校出版社主题出版

关键

——中国共产党与中国道路

孟 捷　强世功　白　钢　鄢一龙 ◎ 著

復旦大學出版社

目　录

导言 ········· 001

第一章　哲学与历史——马克思主义中国化的内在逻辑 ········· 021

一、新时代的历史定位：政治时间与政治权威 ········· 025

二、共产主义与中华民族伟大复兴 ········· 041

三、新时代中国特色社会主义：中国式现代化方案 ········· 050

四、斗争精神：从主体哲学到矛盾论 ········· 060

五、马克思主义中国化：新宪制与核心价值建构 ········· 074

第二章 "四位一体"的中国与中国共产党 ……… 083
　一、"政党国家"之核心政党 ……… 084
　二、"民族国家"之维系纽带 ……… 088
　三、"文明国家"之传承代表 ……… 094
　四、"人民国家"之"师生辩证法"实践者 ……… 113
　五、综论 ……… 129

第三章 中国共产党与中国特色社会主义市场经济 …… 130
　一、有机生产方式变迁与使命型政党 ……… 131
　二、党的使命性和代表性 ……… 144
　三、政治经济化和经济政治化 ……… 154
　四、党及其意识形态的经济作用 ……… 160
　五、中国特色社会主义和"历史终结论"的终结
　　　……… 170

第四章 党的领导与中国式善治 ……… 177
　一、中国式"四有"善治模型 ……… 178
　二、有道政党：前所未有的新型政党 ……… 183
　三、党的领导与有为政府 ……… 195
　四、党的领导与有效市场 ……… 204
　五、党的领导与有机社会 ……… 213
　六、结语 ……… 219

导　　言

2021年是中国共产党成立100周年。

2018年,在庆祝改革开放40周年大会上的讲话里,习近平同志指出:"以毛泽东同志为主要代表的中国共产党人,把马克思列宁主义基本原理同中国革命具体实践结合起来,创立了毛泽东思想,团结带领全党全国各族人民,经过长期浴血奋斗,完成了新民主主义革命,建立了中华人民共和国,确立了社会主义基本制度,成功实现了中国历史上最深刻最伟大的社会变革,为当代中国一切发展进步奠定了根本政治前提和制度基础。在探索过程中,虽然经历了严重曲折,但党在社会主义革命和建设中取得的独创性理论成果和巨大成就,为在新的历史时期开创中国特色社会主义提供了宝贵经验、理论准备、物质基础。

"党的十一届三中全会以后,以邓小平同志为主要代表的中国共产党人,团结带领全党全国各族人民,深刻总结我国社会主义建设正反两方面经验,借鉴世界社会主义历史经验,创立了邓小平理论,作出把党和国家工作中心转移到经济建设上来、实行改革开放的历史性决策,深刻揭示社会主义本质,确立社会主义初级阶段基本路线,明确提出走自己的路、建设中国特色社会主义,科学回答了建设中国特色社会主义的一系列基本问题,制定了到二十一世纪中叶分三步走、基本实现社会主义现代化的发展战略,成功开创了中国特色社会主义。"①

正如党的十九大报告指出的,中国共产党的领导是"中国特色社会主义最本质的特征"和"中国特色社会主义制度的最大优势"。改革开放以来,中国共产党率领中国人民走上了中国特色社会主义道路,建立了世界历史上前所未有的社会主义市场经济,成功地实现了公有制和市场经济的有机结合,极大地解放和发展了生产力,推动了中国经济的迅速发展和政治社会文化各领域的巨大进步。**如何结合百年党史以及马克思主义中国化的逻辑看待我们当今所处的时代,如何解读党和国家间多维度的复杂关系,如何理解党的使命性特质以及党在当代中国经济制度变迁中的作用,如何认识党的领导在**

---

① 习近平:《在庆祝改革开放四十周年大会上的讲话》,《十九大以来重要文献选编(上)》,中央文献出版社,2019年,第722页。

中国国家治理体系中的核心地位等,构成了本书作者思考的主题。下面我们分四节简要介绍本书各章的主要内容。

一

本书第一章试图从理论与实践、哲学与历史的张力中,解读"马克思主义中国化"的内在逻辑,以及中国特色社会主义进入新时代的伟大意义。中国共产党是信仰马克思主义的理念型政党,既是为实现马克思主义所揭示的历史使命而拥有使命意识和献身精神的先锋队集体,又是一个高度世俗化、理性化和组织化的政治行动组织。就理论和现实的张力而言,党的首要任务就是解决哲学真理与历史现实之间的张力,即将马克思主义的普遍真理与中国具体的、历史的现实政治生活相结合,变成可以指导具体实践的路线、方针和政策。这种理论与实践、哲学与历史之间的辩证运动过程就是"马克思主义中国化",并由此形成了一个源远流长而又丰富多彩的思想传统。

不同于西方哲学-神学传统中的二元对立,中国哲学传统强调"知行合一"、理论联系实际,哲学真理必须在历史的实践中加以检验。因此,中国共产党建立的现代政治秩序的正当性不是来源于西方式的社会契约理论以及由此引申出来的人权、民主法治之类的技术化设计,而是来源于马克思主义中国化以及由此形成的对历史的政治建构所展现出的正当性。因此,对历史阶段划分的政治建构就构成了中国政治生活最深层次的根本性大法。正是从历史使命的角度,按照特定的政治时间节点开辟的新的政治空间,党的十九大报告明确宣告中国特色社会主义进入新时代,意味着中华民族迎来了从站起来、富起来到强起来的伟大飞跃,迎来了实现中华民族伟大复兴的光明前景。

从马克思主义进入中国之后,中国共产党内始终存在着两条道路的斗争:一条是以教条主义的方式对待马克思主义,照搬照抄欧洲革命和苏联模式的道路;另一条是扎根中国本土,从中国革命和建设的实际情况出发,将马克思主义中国化,从而具有中国特色的革命和现代化建设的道路。马克思主义中国化的过程始终是马克思主义与中国社会现实和历史文化传统相融合的过程。马克思主义第一次中国化要解决的是一个半殖民地半封建的社会如何完成无产阶级革命的问题,由此形成了毛泽东思想。马克思主义第二次中国化要解决的是如何立足中国现实探索一条社会主义现代化道路,这条道路的探索从社会主义革命和建设时期开始,到改革开放和社会主义现代化建设新时期形成了邓小平理论、"三个代表"重要思想和科学发展观。

在此基础上,党的十八大以来,习近平同志提出的全面依法治国、推进国家治理体系和治理能力的现代化,推动中国特色社会主义制度更加成熟定型,无疑是马克思主义的第三次中国化,即探索与中国特色社会主义经济基础相匹配的上层建筑体系。习近平同志明确提出中国特色社会主义制度的本质特征就是中国共产党的领导。这就意味着一方面要将党领导国家纳入现代法治范畴中,使党按照党章和宪法的规定来领导国家;另一方面将中国特色社会主义制度与中国优秀政治传统有机结合,形成一套现代的礼法互动关系。更重要的是,要推动马克思主义与中国优秀传统文化相融合,以共产主义信仰赋予中国传统的"心学"新的生命力,将西方主体哲学融入自强不息的传统君子人格,融入生生不息变化求新的中国传统哲学思想。这就意味着中华民族的伟大复兴不仅仅是经济和政治的复兴,而且是政治体制和核心价值相互支撑的新的政治与教化传统的复兴。

推动马克思主义的中国化不仅推动了中华民族的伟大复兴,更重要的是为社会主义走出一条新路,走出了一条全新的现代化道路。一部全球文明史就是全球不同国家和民族从传统迈向现代的历史。西欧英美国家率先于18世纪完成了现代化转型,并从此开始奴役其他国家和民族。19世纪,德国开始探索不同于西欧英美的资本主义现代化道路,最后失败了。20世纪,苏俄探索出了一条不同于西方资本主义现代化道路的社会主义现代化道路,这次探索改变了全球格局。苏联解体后,美国主导的西方资本主义似乎迎来了全球胜利,并由此开启了推动"历史终结"的全球化运动,美国开始致力于建构"世界帝国"。

在这种背景下,中国特色社会主义建设就不仅仅是推动中国传统文明的创造性转化,推动中华民族的伟大复兴,更重要的是为人类文明的发展探索一条新的现代化道路,尤其是"给世界上那些既希望加快发展又希望保持自身独立性的国家和民族提供了全新选择,为解决人类问题贡献了中国智慧和中国方案"。为此,中国始终致力于推动"文明对话",最终构建"人类命运共同体"。可见,中华民族伟大复兴不是民族主义的,而是世界主义的。这种世界主义精神既来源于中国儒家的天下主义传统,更来源于解放全人类的共产主义信念。"中国方案"意味着中国绝不会像西方那样将自己的发展道路强加给其他国家,而是提供一套发展的理念、思路和方法,让其他国家根据自己的国情来探索适合本国的发展道路。因此,与德国、苏联、美国的崛起追求世界霸权不同,中国式现代化实际上秉持了一种独特的"中国例外论",走出后冷战以来西方给全人类描绘的"历史终结"与"文明冲突"这两条文明发展道路,为人类文明发展提供新的发展图景。

然而,这必然要触动美国推行的资本主义全球化及由此建构的世界帝国秩序。面对美国对中国的全面打压,中国人有没有骨气和底气探索一条符合中国实际的、独立自主的现代化道路,这在哲学上意味着中国人究竟能不能作为自己命运的主人,以主人的姿态生存于世界民族之林。事实上,中国共产党从成立的第一天起,就意味着马克思主义的主体哲学与中国人民作为政治主体的历史建构紧密地结合在一起。一部中国共产党人领导中国人民革命的历史、开展社会主义现代化建设的历史和推动中华民族伟大复兴的历史,就是一部作为历史主人的斗争史。党的十九大报告中反复提到"斗争精神",意味着面对全球秩序百年未有之大变局,中国人要实现中华民族的伟大复兴,改变历史上西方支配全球的现代化模式,为后发达国家提供现代化的"中国方案",就必须进行不妥协的斗争。这种斗争精神不仅来源于马克思主义的主体哲学,更是来源于"天下兴亡,匹夫有责"和"君子自强不息"的中国文化精神。

二

本书的第二章以"四位一体"的理论,探讨中国共产党与当代中国的深度同构关系,以及该理论的历史-现实-文明论意义。当代中国的"四位一体",即融政党国家、民族国家、文明国家、人民国家四重定位于一体。对于"政党国家"意义上的中国而言,中国共产党是组织和领导中国各项事业的核心执政党;对于"民族国家"意义上的中国而言,中国共产党是维系中华民族之为统一体的核心纽带;对于"文明国家"意义上的中国而言,中国共产党是文明传承的核心代表;对于"人民国家"意义上的中国而言,中国共产党是贯彻实践党与人民的"师生辩证法"的核心主体。

政党国家是近代以来的政治现象,即由政党作为国家政治的主要组织者。在西方语境中,政党一词源自拉丁语 pars ("部分"),在其政治实践中,政党则被理解为源于社会中特定的"部分"成员、代表其利益并为其服务的利益集团,国家则成为以政党形态体现的各种利益集团的博弈舞台,因而始终未能超越政党一词的"部分""有私""偏隘"的古老属性。从这种视野出发,是无法理解中国共产党与中国现代国家的真实关系的。

中国共产党诞生于传统中国向现代中国艰难转型的过程中。这一转型,同时包含着"救亡"(反抗外敌侵迫,挽救民族危亡)与"启蒙"(对社会与传统的根本性改造与重塑)的内涵。要完成此极艰巨复杂的任务,需要一个具有高度组织性、代表性和行动力的新团体,它不仅能够完成对于一切社会资源的有效整合,更要提供一种传统中国所匮乏的集体生活。唯有毛泽东思想指引下的中国共产党,在领导中国人民革命建国的过程中,现实地承担起了这样的历史使命。

作为推动中国现代国家转型的关键力量,中国现代国家的内在品质是由中国共产党所塑造的。这决定了,中国共产党对于作为"政党国家"的中国而言,其"党"的含义,与中国传统语境与西方现代语境下的"党"都有本质的差别:它所代表的是一种超越于部分之上、并无专属私利的整体性存在,一种"党"的古老内涵的现代转化,一种超越部分、私利、偏隘的"不党"境界。

现代意义上的"民族国家"与"民族主义",起源于欧洲,逐渐形成以同质化的血缘、语言、文化为基础,统合地缘、族群、宗教等诸多要素的民族-国家同一论,进而产生了第一次世界大战后被普遍接受但事实上包含深刻矛盾与巨大张力的"民族自决"原则。作为"民族自决"和"民族国家"基础的国家-民族同一论(同质论),是一种高度理想化的理论建构与想象。不可避免拥有众多民族的现代国家,如果将"民族"的原则视作最高的政治价值或身份认同的来源,强行进行"主体民族"和"非主体民族"的划分,便始终无法摆脱国家认同的危机。

中华民族这一概念,自梁启超提出伊始,便已非基于欧洲经验的民族-国家同一论所能涵盖,而包含着超越具体一族而合和中国境内之各族为一体的意识。中国共产党在领导伟大的人民革命过程中,提出"无产阶级先锋队"与"全民族的先锋队"①的双重定位,则赋予了这种新型的民族共同体概念以真正的现实性。如果依然使用"民族国家"的概念,那么对于"民族国家"意义上的中国而言,中华人民共和国的主体民族,不是欧洲意义上人口占据绝对多数之特定族群,而是融通政治认同与文明认同、合五十六个具体民族为一体的中华民族。维系中华民族之自我认同的,一方面是五十六个民族互相依存、交流、学习、融合的长达数千年的悠久历史及其记忆与经验,另一方面则是五十六个民族在通过中国革命摆脱内外压迫获得独立自主地位的过程中建立起来的对于中国共产党和社会主义道路的深刻认同。在此意义上,中国共产党是维系中华民族之为统一体的核心纽带。

文明国家意义上的中国,是以国家护持承载文明、以文明熏育升华国家、文明与国家深度融合的产物。中国社会主义道路,是从中国传统中生发出来的,是在对于自我传统的创造性转化与改造中展开实现的,它是中华文明传统在现代历史境遇中呈现的新形态。就中国的前现代传统而言,其体则儒释道三教和合,其用则儒法互补,进而吸收融汇各种其他的文明资源而化成自身。这一文明传统,若就其一以贯之决定其所是而不可动摇的根本而论,则其根本特质有三:

---

① 《中央关于目前政治形势与党的任务的决议》,《中共中央文件选集》第10册(1934—1935),中共中央党校出版社,1991年,第620页。

（1）平等与觉悟的双运。这是中国传统与社会主义的品质-价值最核心的契合处，它贯穿于儒释道传统，构成了中国从广大民众到先进知识分子迅速接受社会主义的思想与心理基础。

（2）文明与国家、道统与政统的结合。它既保证了中国文明生命绵长，也保证了中国文明始终将一个中央集权的大一统国家作为自己的政治追求，作为载体与护卫，作为维护与发展文明的必要条件。中华文明体的连续性与政治体的统一性高度结合在一起。

（3）神圣价值与世俗生活的统一。中国的儒释道传统，均兼有世出、世间两个维度。在充分承认和肯定世俗生活之正当性的同时，也坚持超越世俗意义的神圣价值。中国传统始终认为神圣性寓于现实生活中，心念与心境的转变与提升，能让人于世俗世界中当下体证神圣。

中华文明根本特质在长达数千年的岁月中历种种考验得以维系，有赖于一个贯彻先觉教后觉、先进治后进之精神，熔高度的原则性与灵活性于一炉，学习自新、行健不已的先进性团体，这一团体是中华文明的活生生的形态。

中国共产党的"双重先锋队"定位，正是传统中国的先进性团体（它不仅限于儒家士大夫阶层，更包含鲁迅所说的一切"有自信，不自欺"、作为"中国的脊梁"的人们）在现代境遇中的自我改造与新生。

人民国家是人民当家作主的政治共同体。不同于人之生而为人的自然属性,人民概念所表达的,不是一种自然形成的生物类别,而是一种政治范畴。生物意义上的人,是天然形成的,而政治性的人民,则必须通过特定的方式组织起来才能成就。

对于"人民国家"意义上的中国而言,人民意味着无数人通过参与共同实践、分享共同价值、拥有共同理想、投身共同事业而构成的共同体,意味着超越欲望动物式的"理性人"("经济人")假设、具备高度主观能动性、以自我实践改造世界及自身的**主体**。以人民为中心,首先就要尊重人民的主体地位,将人民视作历史前进的根本动力,信任和尊重人民在创造历史的过程中创造新的自我本质的实践。人民在本质上有别于孤立个人的复数形式,就在于能够通过先锋队组织的教育、领导、组织,将自己**本具**的觉悟充分激发出来,形成坚强的主体性;而作为先锋队的共产党,其先进性正在于能将人民**本具**的觉悟充分地展现出来,通过教育人民而教育自己,通过向人民学习而指导人民学习。人民的主体性需要党的主体性加以激发,而党的主体性通过激发人民的主体性得以实现,二者是相互成就的。这种党和人民互动的机制可以被称为"师生辩证法",中国共产党正是贯彻实践这种党与人民的"师生辩证法"的核心主体。

中国共产党的自身建设,是作为中国革命与建设的领导核心的**政治主体**建设,是作为维系中华民族之为统一体的**国族主体**建设,是作为中华道统之承继者的**文明主体**建设,更是人民自己做自己的主人、管理国家也管理自己,进而通过管理自己来管理国家之伟大实践的**觉悟主体**建设。这是世界历史-世界文明史上前所未有的伟大工程。

三

本书第三章集中考察了中国共产党在当代中国制度变迁,尤其是社会主义市场经济的形成和确立中所发挥的作用。改革开放以来,中国共产党坚持不懈地推动中国经济制度变革,成功地实现了社会主义制度与市场经济的有机结合,建立了世界历史上前所未有的崭新的市场经济体制,极大地解放和发展了生产力,推动了中国经济的迅速发展。

理解党在制度变迁中的关键作用,其前提是对党的使命性特质作出清晰的界定。党章明确规定,中国共产党是中国工人阶级的先锋队,同时是中国人民和中华民族的先锋队。党的这些属性,归根结底要基于历史唯物主义原理,在一个综合了世界历史的一般性法则和特殊性因素的宏大叙事中来理解。本章试图基于有机生产方式变迁的概念,进一步从理论上界定党的性质和功能,**即将党理解为使命型政党**。

有机生产方式变迁的概念,发端于列宁。十月革命爆发后,孟什维克和第二国际的理论家纷纷提出,俄国生产力的落后性质,决定了十月革命不可能是社会主义性质的革命。为了回应孟什维克和第二国际理论家的攻讦,列宁开展了深入思考,他提出:"世界历史发展的一般规律不仅丝毫不排斥个别发展阶段在发展的形式或顺序上表现出特殊性,反而是以此为前提的。""既然建立社会主义需要有一定的文化水平……我们为什么不能首先用革命手段取得达到这个一定水平的前提,然后在工农政权和苏维埃制度的基础上赶上别国人民呢?"列宁的这个回应可称作"列宁晚年之问"。在列宁看来,世界历史同时是由特殊性或偶然性组成的,不仅包含一般性或必然性。十月革命成功地爆发在落后的俄国,体现了这种特殊性或偶然性因素的影响。在这里,列宁事实上指出了历史上的制度变迁所具有的两条道路:第一条道路服从一般性法则,即生产力决定生产关系,经济基础决定上层建筑;第二条道路体现了特殊性因素的影响,以十月革命为例,在特定时空出现的来自上层建筑的革命,对于制度变迁具有决定性意义。十月革命所开辟的道路,属于制度变迁的第二条道路,它经由上层建筑的革命,继而改变经济结构,最终要造成生产力和文化的根本进步。值得强调的是,列宁在此还提出了制度变迁第二条道路与世界历史一般性法则的关系问题。在他看来,第二条制度变迁道路必须最终造成生产力和文化的根本提高,才能最终证明自己的历史正当性,即证明最初的革命是通往新的更高级的生产方式的一个有机环节。列宁的上述认识,可以称作他关于有机生产方式变迁的思想。

与列宁类似,毛泽东同志在1949年以前的下述论断,同样是以有机生产方式变迁的观念为前提的。毛泽东同志提出:"中国一切政党的政策及其实践在中国人民中所表现的作用的好坏、大小,归根到底,看它对于中国人民的生产力的发展是否有帮助及其帮助之大小,看它是束缚生产力的,还是解放生产力的。"在这里,毛泽东同志着眼于历史唯物主义的宏大叙事,对中国共产党在世界历史中的使命性特质作了表达。中国共产党事实上是推动有机生产方式变迁的政治领导力量。

中国共产党作为使命型政党,今日所肩负的历史使命包含三重维度:其一,推动当代中国的国家形成;其二,带领中国人民在中国特色社会主义道路上实现中华民族伟大复兴;其三,引领中国并联合世界最终趋向天下大同,即实现共产主义。这三个维度是相互联系的,其中国家形成是党实现其他使命的前提。要指出的是,这里所谓国家形成并不限于国家的最初缔造,而是还涵盖了国家以及党在制度变迁中的再形成。以"三个代表"重要思想为例,它在新千年伊始的提出,意味着党及其所领导的国家实现了一次再形成。

在中国共产党历史上,使命性和代表性之间始终存在着张力。大体而言,在新民主主义时期,党虽然也代表特定社会集团(工人和农民)的利益,但其使命性更为突出。在新中国成立前夕发表的《论人民民主专政》里,毛泽东同志提出,新中国的国体是人民民主专政,而人民当中除了工人阶级、农民阶级、小资产阶级以外,还有民族资产阶级。自1957年直至"文革",党转而以阶级斗争为纲,主张对资产阶级全面专政,党的代表性功能逐渐居于主导地位。在"文革"时期,对代表性功能的片面强调,对所谓"政治挂帅"的热衷,与党的发展生产力的使命性功能处于冲突之中。改革开放之后,党开始重新强调自己的使命性。"三个代表"重要思想的提出,意味着党完成了改革以来在使命性和代表性之间的再平衡,促成了党以及国家在社会主义市场经济条件下的再形成。

在上述认识的基础上,第三章还就以下问题作了进一步探讨:如何认识中国特色社会主义市场经济中的经济与政治、市场与国家、经济基础与上层建筑的关系?在何种意义上习近平同志所说的"政治经济化"和"经济政治化"构成了社会主义市场经济的重要特征?如何看待党及其意识形态在社会主义初级阶段经济制度变迁中的作用?党的领导制度是我国的根本领导制度,它与社会主义初级阶段的基本经济制度是什么关系？在何种意义上中国特色社会主义理论具有政治哲学的品格？为何中国特色社会主义道路意味着"历史终结论"的终结？

四

党的十九届四中全会指出，我国国家治理体系和治理能力是中国特色社会主义制度及其执行能力的集中体现。治理现代化不是西方化，而是中国特色社会主义治理体系的自我完善与效能提升。本书第四章认为党的领导是实现中国国家治理现代化的关键。

国家治理体系与治理能力的现代化是全面深化改革的总目标，它是广义的治理现代化，不仅指政府的治理现代化，也包括市场与社会的治理现代化。国家治理现代化本质是实现中国式善治，根本在于最大程度实现人民的主体性，充分保障人民当家作主，充分发挥人民的主动性、积极性、创造性。先锋政党、有为政府、共益市场与有机社会这四个要素共同保障了人民主体性的实现。

理解中国式善治，首先要理解中国共产党的性质。要避免先入为主的认知陷阱，不能套用西方的选举式政党思维看待中国共产党。中国共产党是具有明确政治纲领，并代表全体人民,通过领导、组织、动员人民来共同应对挑战,不断与时俱进,共同实现伟大使命的新型政党,它兼具人民性、使命性、先锋性、革命性、先进性、整体性、实践性、组织性、纪律性、权威性。

中国共产党的先锋性是实现其组织性功能的前提,也是实现中国式善治的关键变量。中国共产党不是精英党、选举党而是先锋党,政党权威的基础在于党组织的公信力与党员先锋模范作用,只有党能够在人类历史进步的大潮中始终成为具有先锋性与先进性的有机体,才能现实地承担起代表、领导与组织人民的使命。党的先锋性不是给定的属性,而是需要在具体历史进程中通过不断争取而获得的特性。面对现实的、层出不穷的严峻考验,党需要通过持续的"自我革命"与政党建设,包括"建立不忘初心、牢记使命的制度"以始终保持自身的先锋性,以成为推进国家治理现代化的核心力量。

中国政府是有为政府而不是有限政府,党的领导权对于国家的权力进行了有效统合。中国政治体制之所以是权力分工体制而不是权力分立体制,根本原因在于党中央领导权的统合。这一特点也使得中国的政治体制在运行原则上根本不同于美国或西方,体制运行也更有效能。同时,党的群众路线内嵌于政府治理,也使得中国政府是负责任政府,而不是所谓的有限责任政府。

导　言

中国是地区发展不平衡、差异巨大的单一制大国,行政上高度分权,地方政府对于本地发展具有高度自主性,中央政府主要制定宏观目标与总体政策框架,并通过"层层发包"的方式让地方根据自身的实际加以落实。与此同时,中国在政治上又是高度集中统一的,这是国家目标能够有效地得到贯彻落实的前提。与西方政治体制中的政治、行政二分不同,中国走了一条将政治和行政有机结合的道路,能够实现行政分权与政治集中的有机结合、治理的灵活性与统一性的有机结合。

中国的社会主义市场经济是共益性市场经济,是以人民为中心,而不是以资本为中心;是服务于人民福祉的最大化,而不是服务于资本利益的最大化。党对于资本的引导能够将资本追逐利润最大化的动机引导到实现人民福祉最大化的方向上来。社会主义和市场经济的结合,展现了中国的制度优势。第一,中国走了一条既不同于自由竞争,又不同于福利国家的民生国家道路,强调民生问题不能完全靠市场和个体力量去解决,要靠个人、集体与国家共同解决,避免了个体在市场经济大潮中的彻底原子化,避免了市场完全脱嵌于社会。第二,国家掌握了大量的公共资产,能够用以推进公共福祉。除了国有经济之外,关键性的公共生产资料如城乡土地、矿山、森林等都掌握在国家的手里,这使得人民不但能够拥有私人福利,还能够享受更高水平的公共福祉,这对于人民幸福与社会公平至关重要。第三,中国有国家规划,能够弥补市场失灵,推动实现更高水平的均衡发展。市场均衡是有严格前提的,将时间变量、社会公平、自然环境、外部不确定性等因素加入之后,市场往往是不均衡的。国家规划能够弥补市场失灵,推动时间(短期与长期)均衡、空间均衡、经济社会与自然均衡、内外部均衡。第四,中国能够通过党建给企业的生产经营活动赋能,促进市场经济活力。

中国的社会治理现代化是建设有机社会。在一个大规模的、流动的、陌生人协作为主的现代社会,要真正实现有机团结,需要在保持其多样性的同时,以共同性贯穿其中。中国能够成为有机社会的前提在于党的领导在其中扮演社会黏合剂、催化剂的角色,使得社会成为既保持高度多样性,又具有高度凝聚力的有机整体。这使得我们有条件去建设十九届四中全会要求的"人人有责、人人尽责、人人享有的社会治理共同体"。党组织不但嵌入在生产单元之中,同样也嵌入在社区等生活单元之中,从而有可能在陌生人社会中重建传统社会那种"真实的、有机的"共同体。

本书是由来自北京大学、复旦大学、清华大学的四位中青年作者合作完成的,每位作者负责一章。强世功(北京大学)撰写第一章,白钢(复旦大学)撰写第二章,孟捷(复旦大学)撰写第三章,鄢一龙(清华大学)撰写第四章。

第一章　哲学与历史——马克思主义中国化的内在逻辑

2022年10月16日,中国共产党第二十次全国代表大会在北京召开。大会报告不仅回顾了党的十九大以来五年的工作,而且回顾了党的十八大以来"新时代十年的伟大变革"。作为一个概念,习近平新时代中国特色社会主义思想是在党的十九大报告中提出的,随后被写入党章和宪法。因此,公共媒体和学者更多是在2017年党的十九大之后开始阐述"新时代"这个概念,不仅将其看作为中国特色社会主义建设迎来了新时代,而且将其看作给世界历史开辟了新时代,甚至不少学者提出世界历史进入了"中国时刻"。然而,就历史时段的划分而言,中国特色社会主义思想的"新时代"显然是从2012年党的十八大开始。只不过党的十八大报告本身更多体现上一届党中央治国理政的思路,而习近平同志也是从党的十八大之后才逐渐提出一系列新的治国理念、思路和举措,并逐步形成习近平新时代中国特色社会主义思想。这个思想最集中、最全面地体现在党的十九大报告和二十大报告中。因此,要理解从2012年党的十八大开始的"新时代",就必须认真解读党的十九大报告、二十大报告以及习近平同志的一系列论述。媒体上流行的各种专家解读,往往在阐释报告中提出的各种新概念、新观点、新思路和新措施,其目的是让这些概念、观点、思路和措施成为共同的公共话语,融入全体党员和社会大众的头脑、话语、思考和行为中,从而凝聚全党和全国各族人民的政治共识,使得党领导人民构成一个步调一致、有机统一的行动主体,实现中国特色社会主义新时代的战略任务和宏伟蓝图。然而,如果我们将这个文本放在更大的历史空间和思想空间中,放在中国文明传统与西方文明传统相撞击而引发的全球政治和思想的大变局中,放在中国探索现代化道路并最终走出一条中国式现代化道路的历史进程中,放在中国崛起引发的国际秩序百年未有之大变局的全球格局中,就会发现这两个文件在这场全球大变局中具有特别的意义。它不仅是新时代凝聚人心的政治文本,更重要的是面对中国崛起和全球格局的变化,成为中国人如何承担历史使命的哲学表达。

  要理解党的十九大报告和二十大报告,首先必须理解中国共产党。不同于西方现代兴起的通过选举获取权力的利益型政党,中国共产党是信仰马克思主义的理念型政党,既是为实现马克思主义所揭示的历史使命而拥有使命意识和献身精神的先锋队集体,又是一个高度世俗化、理性化和组织化的政治行动组织。《中国共产党章程》开宗明义:"中国共产党是中国工人阶级的先锋队,同时是中国人民和中华民族的先锋队,是中国特色社会主义事业的领导核心,代表中国先进生产力的发展要求,代表中国先进文化的前进方向,代表中国最广大人民的根本利益。党的最高理想和最终目标是实现共产主义。"在这个定位中,我们可以清晰地看到其哲学理念与现实生活之间的张力,即实现共产主义的最高理想和最终目标与当下的现实条件和最广大人民现实要求之间的张力。党的首要任务就是解决哲学真理与历史现实之间的张力,即将马克思主义的普遍真理与中国具体的、历史的现实政治生活相结合,变成可以指导具体实践的路线、方针和政策。如果目标脱离现实就变成了"左"倾,而目标落后于现实就变成右倾。理想能推动现实的发展,而现实能够支撑理想的实现,那无疑符合中道。

这个过程既是理论指导实践并在实践中检验理论的过程,也是从实践出发对理论进行总结、提升、发展和创新的过程。这种理论与实践、哲学与历史之间的辩证运动过程就是"马克思主义中国化",并由此形成了一个源远流长而又丰富多彩的思想传统,从马克思主义、列宁主义、毛泽东思想、邓小平理论、"三个代表"重要思想、科学发展观到党的十九大报告和二十大报告所展现的习近平新时代中国特色社会主义思想。只有从这个既不断变化又能保持连续性的理论传统中，才能得到马克思主义中国化的内在理论逻辑，才能理解习近平新时代中国特色社会主义思想，并将其传承和发扬光大。

这种理论联系实际的传统实际上就是"轴心时代"以来孔子所创立的中国哲学传统。不同于西方的形而上学传统，也不同于西方的宗教传统，孔子所开创的中国哲学传统始终强调哲学意义上的"学"与"知"必须与具体生活实践的"习"与"行"结合起来，"学而时习之"，"知行合一"，"理论联系实际"才能获得真知。因此，对于中国人而言，哲学绝非仅仅局限于西方形而上学传统所形成的学院派理论研究的"学"，也绝非西方宗教传统里所强调的"信"，更重要的是经过实践检验的"行"，才是真正指导行动指南的真理。不同于柏拉图和亚里士多德在语词逻各斯的世界中建立起完美的哲学体系，被西方普遍误解为道德格言录的《论语》始终强调哲学面向行动和现实生活的一面。

西方人之所以难以理解中国共产党的各种理论表述，要么将其看作是官僚主义缺乏新意的意识形态，要么将理论和概念的更新看作极权主义的"新话"，很大程度上是由于他们的哲学思维方法局限在西方形而上学传统中，习惯于从概念到概念的逻辑演绎，而未能真正理解"知行合一"的中国哲学传统，未能将这些理论概念与具体的历史实践结合起来，未能理解中国哲学所固有的独特的阐释方法。因此,要理解党的十九大报告所开辟的新时代、新时代的历史使命以及为实现这个使命而形成的新思想,不仅要有哲学的维度,也要有历史的维度,不仅要熟悉马克思主义所借助的西学传统,更要熟悉中国历史文化背景和社会实践所形成的中学传统。整个十九大报告将哲学与历史交织在一起,从而把普遍主义的哲学思考与具体实践的历史行动联系在一起,展现了马克思主义中国化的内在逻辑。

一、新时代的历史定位:政治时间与政治权威

党的十九大报告从历史叙述角度,对新时代进行了四重定位。

首先是对新时代在中共党史和共和国史中的定位。报告明确指出:"中国特色社会主义进入新时代,意味着近代以来久经磨难的中华民族迎来了从站起来、富起来到强起来的伟大飞跃。"这里用"站起来""富起来""强起来"三个概念来划分党史和共和国史,分别对应社会主义革命和建设时期、改革开放和社会主义现代化建设新时期、中国特色社会主义新时代。需要注意的是,这种划分并非学院派史学家所理解的史学分期,而是从政治角度所理解的历史划分,而这种历

史划分的目的是更明显地展现政治哲学观念的不同。通过历史划分来阐明政治思想乃是中国传统哲学的基本方法。

西方文明建立在现象与存在、此岸与彼岸二元对立的哲学-神学传统中。在这样的传统中,人生的最终目的和意义要么来自彼岸世界的上帝,要么来自将救赎神学转换为社会不断发展进步的历史未来,因此西方人努力的最终目标就是要推动实现各种不同版本的"历史终结"。然而,在中国文明传统中,并没有彼岸和此岸的割裂,而是将二者消融在天人合一的完整世界中。这是一个人参与其中并创造的"小宇宙",一个通过哲学经典和历史记载所不断记录和再现的人文世界。因此,中国人的人生目的和意义既不是进入彼岸世界,也不是期盼遥远的未来,而是让自己在终究要成为历史的人文世界中获得永恒的意义。因此,中国人所说的"立德""立功""立言"这样的"三不朽"也终究不过将人生的"不朽"放在思想建构的人文世界中,在家国天下的历史进程中找到普遍永恒的意义。因此,政治伟人都追求建功立业以名留青史。中国的史学也就不单纯是现代实证史学所强调的史料堆砌、事实考证的整理记录,而首先是对历史进程所展现的规律的探索,是对人在人文世界的不朽意义的探索。在这个意义上,史学包含着对普遍价值和意义的哲学探索。"六经皆史""经史不分"也就是这个道理。

如果说政治秩序的正当性必须有哲学来提供,那么在西

第一章 哲学与历史——马克思主义中国化的内在逻辑

方,政治秩序始终是由形而上学和神学来提供的。比如,古希腊的柏拉图和亚里士多德就将城邦政体的正当性建立在哲学基础上,从而确立了哲学王政体、贵族政制和共和政体的正当性。在中世纪,整个政治秩序建立在神学的正当性基础上。而现代政治秩序无疑建立在启蒙哲学提供的社会契约论的基础上。然而,不同于西方的形而上学或神学基础,中国政治秩序的正当性虽然是从天命开始,但天命往往与历史的变迁结合起来——王朝更迭、历史演变与阴阳五行学说杂糅在一起,以展现天命赋予政治统治秩序的正当性。因此,中国古典政治秩序往往要从三皇五帝开始寻找政治正当性的源头,嬴政之所以把自己称为"皇帝",就是希望从三皇五帝那里获得政治正当性。因此,中国共产党建构现代政治秩序的正当性虽然受到马克思主义的影响而接受西方启蒙思想提供的自由、民主理念以及由此形成的人民主权学说等等,但其思想精髓并非西方式的社会契约理论以及由此引申出来的人权、法治和民主之类的技术化设计,而是奠基于对1840年以来中国近代历史的政治建构。因此,关于中国政治秩序正当性的政治分歧也往往从历史叙述的分歧开始,每一次对历史叙述的修正都包含着政治正当性的重建。

比如,近年来"新清史"、辛亥革命史、民国史和党史研究中的理论创新在不同程度上隐含了新的政治诉求。改革开放前的历史时期和改革开放后的历史时期的关系的争论不仅仅是简单的学术问题，而是包含了对政治正当性的不同解读。因此，对党史和共和国史的划分以及对党和国家领导人的历史定位，对于中国政治秩序的建构至关重要。这种历史划分构成了中国政治生活最深层次的根本性大法。因此，《中国共产党章程》在其总纲中主要对中国共产党历史上形成的理论传承内在逻辑展开历史叙述，《中华人民共和国宪法》序言一开始就从中国历史传统和革命传统展开共和国的历史叙事。正是在这种历史叙述中，具体的历史事件和历史阶段被纳入普遍性的意义世界中获得其价值定位。正因为如此，每次党章关于党的理论发展的修改必然带动宪法序言的修改，无疑是把政治意义上的根本大法转化为实定法意义上的根本大法。同样，历届党的全国代表大会报告都要从党史和国史的角度出发，通过历史阶段的划分来讨论党的路线方针和政策的发展变化，从而在党的理论传统中形成继承与发展的辩证关系。

从党的十四大报告开始，党的全国代表大会报告采用一种新的历史划分模式，即采用代际政治的定位模式，分别叙述以毛泽东同志为核心的第一代中央领导集体和以邓小平同志为核心的第二代中央领导集体的历史贡献。党的十七大报告和十八大报告中进一步发展为毛泽东同志、邓小平同志和江泽民同志三代中央领导集体的核心的表述。这种历史定位方式是邓小平同志在当时特定的历史背景下提出来的。这实际上是为了解决新中国成立之后政治权力转移的正当程序问题。在中国古典帝制时代,这个问题是通过基于血缘家族的嫡长子继承制而确立起来的。然而,从封建帝制转向人民主权的现代共和体制的过程中,中国一直在探索如何依据新的政治秩序正当性理论来确立政治权力转移的正当性。新中国成立之后,毛泽东同志一度试图通过区分"一线"和"二线"而按照宪法程序完成政治权力转移,然而由于特殊的历史背景,这种权力转移未能完成,权力转移因为缺乏正当程序而引发分歧和政治不稳定。在这种背景下,邓小平同志试图从中国古典传统中汲取智慧,从而提出了代际划分来化解可能的分歧和政治不稳定。这种代际划分方式有效地巩固了江泽民同志作为党的第三代中央领导集体的核心地位,克服了"文化大革命"以来始终存在的权力转移的正当程序难题,确保了改革开放政策的连续性和稳定性。事实上,正是在这种政治稳定和政策稳定的持续发展中,中国实现了从"站起来"到"富起来"的历史性转变。正是由于历史建构成为政治正当性的基础,我们才能理解为什么中国人很容易接受代际政治。儒家文化强调长幼有序,很大程度上就是肯定自然时间的历史延续所形成的客观政治效果,因此代际政治有利于政治稳定。

然而,人类历史不是自然时间的均匀延续。因为政治生活乃至于整个历史本质上不是自然的,它必须面对人类有目的的活动在交往互动过程中产生的总体性后果。因此,历史发展充满了不确定性,因为没有人能够控制所有人的行动及其后果,而即使能够控制所有人的行动及其后果,也无法控制自然界乃至社会变化所产生的后果。在这个意义上,历史不仅仅是人类活动的历史,也包括自然变化的历史,是人类行为的互动与自然变迁的互动之间的总体性后果。人文社会科学就是努力在历史的不确定性中寻找确定的法则和规律,从而理解人在整个宇宙乃至人文世界中的意义。这种历史发展的不确定性也就导致了政治时间的不确定性。因此,我们所说的历史时间绝非牛顿物理学中均匀分布的自然时间,而是人为创造的政治时间,甚至我们采取的历史纪年法本身也是政治的产物。历史时间决不是理性安排的产物,就像"千禧年的追求"始终无法实现一样,我们只能用人类有限的理性和人类创造的知识的微光来尽可能把握充满不确定性的历史。正因为如此,人类才根据能够展现出历史意义的重大事件来把握历史的目的和人类的普遍意义,从而将这些重大事件作为辨识人类历史发展目标和方向的坐标和基点。由此,我们才有古代与现代的划分,才有"地理大发现以来"的关于普遍历史的叙事,才能在混乱的历史中辨识出文艺复兴、宗教改革、启蒙运动、工业革命、世界大战这些标志着西方崛起的事件,从而探寻到西方历史乃至全球历史的发展脉络。正是基于对西方崛起推动的全球历史发展的目标和意

第一章 哲学与历史——马克思主义中国化的内在逻辑

义的领悟,我们才能在中国的历史发展中辨识出"1840年以来""1949年以来"和"改革开放以来"这些基于历史节点的重大政治事件。因此,这种基于自然时间的代际政治很难真正成为建构政治时间的依据。中国政治历史上名垂青史的秦皇汉武、唐宗宋祖等,其历史地位并不是按照代际来定位的,而是按照他们所开辟的历史空间以及由此展现的历史意义来定位的。恰恰是他们的政治努力创造了新的政治时间,从而形成了我们后来辨识历史发展方向、划分时代变迁的坐标。

需要注意的是,源于古典智慧的代际政治也自然会带有古典政治本身的弊端。如果用韦伯的概念来说,代际政治的权力转移属于"传统型权威"类型,凸显政治权威的正当性来源于上一代或老年的政治权威,这就导致新的政治权威过分依赖过去的、老年的政治权威,其结果必然窒息了政治活力和政治生命力,从而导致政治权威不断衰退。全世界王朝政治的历史都是一部权威不断衰退的历史,也就是韦伯所说的"传统性权威"的衰退必然向"法理型权威"转型。正是为了克服传统权威的衰退,英国率先探索出君主立宪政体,即将政治权力中涉及文化符号意义上的"尊荣的部分"交给君主,而将政治权力中"实操的部分"交到不断流动的专业化官僚手中。中国学者对中国古典政治中所谓"君臣共治"模式的探索,实际上也试图在君主立宪的模型中找到中国古典政治中克服权威衰退的内在机理。如果从这个角度看,基于现实考虑和权衡而形成的代际政治必然面临权威衰退的困境,面临着主张迈向"法理型权威"的挑战,它只能成为一种临时性的制度安排,而无法成为一种长久的制度。

更重要的是,代际政治很容易给人一种误解,仿佛每一代领导人的政治权威是由上一代所赋予的,是继承而来的。这显然误解了中国政治的正当性权威基础。事实上,由于中国共产党是一个理念型政党,其正当性权威来源也必然与政党的性质有关,正当性权威源于历史哲学所提供的使命承担,这不仅包括在哲学意义上实现共产主义理想,更重要的是在现实政治生活中承担的历史使命。正如习近平同志在2021年的"七一"讲话中所阐明的:"中国共产党一经诞生,就把为中国人民谋幸福、为中华民族谋复兴确立为自己的初心使命。一百年来,中国共产党团结带领中国人民进行的一切奋斗、一切牺牲、一切创造,归结起来就是一个主题:实现中华民族伟大复兴。"在党的二十大报告中,习近平同志进一步指出中国共产党"必须坚持人民至上",并且"坚持胸怀天下",因为"中国共产党是为中国人民谋幸福、为中华民族谋复兴的党,也是为人类谋进步、为世界谋大同的党"。尽管如此,我们并不能否认传统权威在中国政治生活中的积极作用。现代中国政治是在中国历史文化传统的根基上生长起来的。无论是道统、政统还是法统,实际上都在强化传统的权威。传统性的政治权威实际上提出了一个根本性的政治问题,即政治共同体的时间边界问题。用社会契约论的概念来说,就是我们与谁来签订契约的问题。自由主义者通常将这个问题简单化为同一代的签约。正如杰斐逊所言,"地球总是属于活着的那一代人"。然而,人类并不是像动物那样生活在地球上,人作为一个有意义的精神生命生存在人文世界所建构起来的历史空间中。因此,即使按照社会契约论的观念,我们不仅在与上一代人签订社会契约,而且与下一代人签订社会契约。正如柏克所言,国家"不仅仅是现在生活的这一代人之间的合作,也是那些当下活着的与已经死去的,以及那些将要出生的人之间的合作"。因此,党章和宪法的序言不仅仅从历史的角度叙述中国共产党创建人民共和国,更重要的是在历届领导人之间形成一个传承和发展的连续统。在这个意义上,政治权威的正当性基础也包含着对前一代政治思想的继承和面对未来一代的发展,由此形成了中国宪法中连续性与革命性的统一。当然,在不断推进国家治理现代化,迈向中国特色社会主义法治的历史进程中,党章和宪法所规定的民主选举程序对于政治权威起到了不可或缺的法律保障作用。在这个意义上,我们可以说,中国共产党的政治权威实际上包含了韦伯所说的三种权威的"理想类型"(idea-type),即承担历史使命的克里斯玛型权威、继承传统并将其发扬光大的传统型权威以及获得人民拥护授权的法理权威。在这个意义上，将中国共产党的权力转移局限在传统型权威的代际政治，不仅会瓦解执政党的共产主义理想信念，也会弱化党与人民的血肉联系，将党与人民割裂开来，漠视党所代表的人民利益和民族利益，最终从根本上削弱党的政治权威。

正是由于代际政治面临的问题，党的十九大报告不再采用十四大报告以来所形成的这种代际政治的自然时间划分来建构中国共产党的历史，而是从历史使命的角度，按照特定的政治时间节点开辟的新的政治空间将中国共产党的历史划分为"站起来""富起来"和"强起来"三个阶段，由此概括每个时代的党领导国家回应历史使命作出的巨大贡献。事实上，这种政治时间的叙述模式也是许多党代会报告采取的历史叙述模式。比如，党的十五大报告中就采用辛亥革命、新中国建立和改革开放三个政治时间节点来定位邓小平理论，从而明确将邓小平同志与孙中山先生、毛泽东同志并列为站在时代前列的伟大人物。因此，党的十九大报告并没有直接沿用十八大报告的历史叙述模式，而是采用经史结合、以史解经的叙述方式，用三个"我们深刻认识到"来重新划分中国共产党的历史。

第一阶段就是从1921年中国共产党成立到1949年新中国成立，完成了新民主主义革命的建国任务，"实现了中国从几千年封建专制政治向人民民主的伟大飞跃"。中国人民实现了从半殖民地社会到独立建国"站起来"的历史阶段。习近平同志在2021年"七一"讲话中进一步强调,这个阶段的重要意义在于"为实现中华民族伟大复兴创造了根本社会条件"。

第二阶段就是从1949年新中国成立到1978年改革开放实现了由"站起来"向"富起来"的转变的历史阶段。这个阶段"建立符合我国实际的先进社会制度。……完成了中华民族有史以来最为广泛而深刻的社会变革,为当代中国一切发展进步奠定了根本政治前提和制度基础,实现了中华民族由近代不断衰落到根本扭转命运、持续走向繁荣富强的伟大飞跃"。习近平同志在2021年"七一"讲话中进一步强调,这个阶段的重要意义在于"为实现中华民族伟大复兴奠定了根本政治前提和制度基础"。

第三阶段就是从1978年改革开放到党的十九大召开,我们党"合乎时代潮流、顺应人民意愿,勇于改革开放,让党和人民事业始终充满奋勇前进的强大动力。我们党……开辟了中国特色社会主义道路,使中国大踏步赶上时代",实现了由"富起来"向"强起来"的历史性转变。习近平同志在2021年"七一"讲话中进一步强调,这个阶段的重要意义在于"为实现中华民族伟大复兴提供了充满新的活力的体制保证和快速发展的物质条件"。

正是这种政治逻辑的内在必然性将中国共产党的历史

推进到第四个阶段,党的十九大报告明确宣布中国特色社会主义进入了新时代。这意味着中国历史开始迈向"强起来"的历史新阶段。为了实现这个战略目标,党的十九大报告和二十大报告系统地阐明了习近平新时代中国特色社会主义思想,并由此对新时代中国特色社会主义的总任务、发展战略、社会主要矛盾和战略布局以及各项具体工作等进行了全面系统的规划,其中既有哲学理念又有政治原则,既有目标任务又有总体布局,既有战略重点又有系统筹划,既有面对第二个百年长远发展战略规划又有五年工作部署,这一切构筑了新时代中国特色社会主义的整体方略,从而将中国特色社会主义推进到新的历史时代,开辟了新的政治空间。习近平同志在2021年"七一"讲话中进一步总结了党的十八大以来取得的成就,强调"实现中华民族伟大复兴进入了不可逆转的历史进程"。

党的十九大报告和二十大报告围绕习近平新时代中国特色社会主义思想,系统阐述了新时代治国理政的方略。可以说思想、方略和时代构成了三位一体的关系,而其核心在于思想。可以说习近平新时代中国特色社会主义思想孕育了实现社会主义现代化和中华民族伟大复兴的方略,而正是这种治国方略在历史中的具体落实推动了中国特色社会主义迈向新时代。因此,新时代不是在自然时间中自动到来的,而是习近平同志带领全党和全国各族人民经过努力奋斗

第一章 哲学与历史——马克思主义中国化的内在逻辑

创造出来的。党的十八大之前很长一段时间,党内外有一股强劲的政治力量将改革开放和社会主义现代化建设新时期与社会主义革命和建设时期对立起来,用改革开放来否定社会主义革命和建设时期确立的社会主义体制,主张在经济改革之后开展政治体制改革,甚至提出再不进行政治体制改革,经济改革会出现倒退且经济改革的成果也无法保障。这种主张背后有一个政治假定,即政治体制改革的潜在目标就是在党政分离基础上,逐步弱化并最终取消党的领导,并推动实现西方资本主义的自由民主体制。因此,习近平同志担任总书记之后提出的"中国梦"这个概念很快就被曲解为进一步推动政治体制改革的"宪政梦"。然而,我们不要忘记,面对日益扩大的贫富差距,尤其资本力量肆无忌惮地席卷国民财富,基层百姓开始怀念毛泽东时代,由此引发不少人反过来试图用改革开放前的历史时期来否定改革开放后的历史时期,否定改革开放路线。用党的十九大报告的话来说,当时中国面临双重危险:一个就是重蹈苏联崩溃覆辙的"改旗易帜的邪路",另一个就是退回到改革开放前的"封闭僵化的老路"。

在危机的历史关头,习近平同志担任党的总书记以来采取一系列有效措施,尤其是从严治党、高压反腐,可谓力挽狂澜。不少人评价他挽救了党和国家,挽救了中国特色社会主义。党的十九大报告对这五年的总结是"极不平凡的五年",

是"历史性变革"的五年:"解决了许多长期想解决而没有解决的难题,办成了许多过去想办而没有办成的大事,推动党和国家事业发生历史性变革。"正是这五年取得的"历史性成就",奠定了习近平总书记党中央的核心、全党的核心地位。习近平总书记核心地位的形成,不仅是由于他担任中共中央总书记、国家主席、中央军委主席等法定职务而获得法理型权威,由于他在党的历史传统中成为传统型权威,更重要的是由于他在特定历史时刻具有勇于承担历史使命的政治责任、面对全球历史转折时代指明中国发展道路的强大理论建构能力和驾驭国内外复杂局面的能力,凝聚了全党和全国各族人民的人心,从而成为全党公认的核心领袖。

  党的十八大之后,习近平同志明确提出改革开放前的历史时期和改革开放后的历史时期不能相互否定,并且按照党的政治信仰和党领导一切的政治原则将改革开放前后两个历史时期贯通起来,从而形成党的十九大报告中将党史和共和国史阐释为前后贯通、继承发展的历史。在这个历史发展过程中,领袖无疑发挥着重要的历史推动作用。在改革开放之初,有人曾提出要全面否定毛泽东同志,邓小平同志坚决反对这种主张,指出:"没有毛主席,至少我们中国人民还要在黑暗中摸索更长的时间。"[①]正是在邓小平同志的主持下,

---

[①] 邓小平:《答意大利记者奥琳埃娜·法拉奇问》,《邓小平文选》第2卷,人民出版社,1994年,第345页。

中央对毛泽东同志的功过作出客观评价。同样,如果没有邓小平同志所推动的改革开放和现代化建设,中国不可能如此迅速崛起,实现从"站起来"到"富起来"的历史性跨越。因此,新时代不是自动到来的,而是一代又一代的政治领袖领导人民干出来的。领袖依靠政党,政党扎根人民。领袖、政党与人民群众之间形成良性互动。这既是马列主义的重要组成部分,也是中国革命和建设的历史经验总结。然而,改革开放以来,中国在推进国家治理现代化进程中学习西方法治,一度陷入西方法治概念的误区,自觉不自觉地将"法治"与"人治"对立起来,过分迷信法律教条,迷信制度改革,将法治简单理解为规则自动运行的机器,而忽略通过"良法"实现"善治"始终离不开人的主观能动性,法律规则和制度的有效运作离不开良好的社会文化和道德价值系统的支撑。法律说到底是由人制定的,"徒法不足以自行",执法机器也要依靠人来运作,即使依靠专业的法律人来运作,其实现依然取决于法律人如何理解法律的目的、价值和功能,取决于法律人与人民大众和执政党之间的关系。同样的法律制度在不同的人手中会产生完全不同的治理效果。因此,法治与人治不是对立的,而是互补的。法律制度镶嵌在国家的整个政治秩序和社会秩序中,法治是一种现代抽象社会所要求的治理术,不可能脱离国家的政治秩序,而应当服务于国家政治秩序的建构和国家治理现代化。正因为如此,党的十八届四中全会提出党的领导是中国特色社会主义的本质特征,是社会主义法治的根本保证,确立了"以德治国"和"依法治国"相结合的法治原则,这就意味着法治建设和国家治理现代化离不开理想信念的价值观教育,离不开道德价值观和良好社会风尚对人心向善的引导作用,更离不开领袖和伟人、政党和人民群众在国家治理中和历史发展中发挥的关键作用。

翻开人类历史,在历史发展中起决定性作用的依然是人,因为人类历史本身就是人所创造的,好的制度需要人来运作。西方思想家之所以不断反思并批判西方民主制,一个重要原因在于这种民主体制在败坏人性,尤其金钱和媒体操纵的竞争性选举将"民主"蜕变为"选主"。这种制度很难培养出真正代表人民的政治家,因为选举制度的设计从一开始就假定自私自利的人基于个人的和小帮派的利益而争夺权力,只能依赖"野心制约野心"和"权力制约权力"来保持帮派利益的分享。正是在总结人类历史经验的基础上,党的十八大以来中央把党的领导贯穿社会主义法治建设的始终,不仅明确提出以德治国和依法治国相结合的法治原则,而且把党章所统率的党规党纪纳入中国特色社会主义法治体系中,从而奠定了党领导国家的法统基础。

二、共产主义与中华民族伟大复兴

党的十九大报告对新时代的第二个定位就是在中华文明史中的定位。

中国文明曾经创造了人类农业时代的文明最高成就。东方中国通过欧亚大陆和印度洋的古代陆地和海上丝绸之路与西方有着密切的贸易往来。当西方陷入中世纪黑暗时代,尤其后来奥斯曼帝国阻断了东西方通过印度洋和地中海贸易并对欧洲各国的生存构成巨大压力,为了推动与中国、印度等国的贸易,欧洲人才偶然地发现了美洲新大陆,由此开始了欧洲国家的全球殖民时代。按照美国"加州学派"的观点,中国至少在18世纪之前几个世纪里是世界经济的中心,中国文化也成为当时西方人仰慕的对象,而中国繁荣成为推动全球化的重要动力。然后,随着西方通过殖民主义和帝国主义推动其持续崛起,给全球非西方国家带来灾难性的影响。1840年来的近代中国经历了屈辱悲惨的命运。从洋务运动、戊戌变法到辛亥革命,无数仁人志士不断探索民族复兴的途径,但都未能成功。直到1921年中国共产党的成立,中华民族的历史命运才发生了转机。

作为一个马克思主义政党,中国共产党始终以实现共产主义作为最高政治理想。然而,在如何实现这个最高理想的现实历史中,党内从一开始就出现两条革命路线的斗争。一条就是"以俄为师",从国际共产主义运动的全球格局来定位中国革命,由此形成以苏联为中心并完全照搬照抄苏俄模式的革命路线;另一条就是扎根中国本土,从中国近代历史来定位中国革命,按照中国实际来开创新的革命路线。在抗日战争期间,这种矛盾在党内演化为阶级斗争与民族斗争何者优先的问题。直到瓦窑堡会议上提出中国共产党既代表中国工人阶级又代表中华民族的"两个先锋队"理论之后,中国共产党才在思想上形成了共产主义与民族主义、马克思主义与中国历史现实之间的有机结合。直到"延安整风",毛泽东撰写了一系列理论著作,确立了"实事求是"的政治原则,从而在思想理论、政治路线和组织路线上完成了马克思主义中国化。

新中国成立后,中国共产党在共产主义的理想信念的感召下推动了全面的社会动员,由此释放出巨大的政治能量,展开全面的社会主义建设,尤其在工业化发展上取得了巨大的成就,并由此奠定了人民共和国的制度基础。然而,由于"跑步进入共产主义"的政策措施脱离了中国经济和社会现实,特别是在遭遇"文化大革命"的冲击之后,计划经济暴露出的弊端越来越严重,以至于共产主义的信仰在实践层面上遭遇到挫折,中国由此面临重大的信仰危机。在这种背景下,邓小平同志重提"实践是检验真理的唯一标准",恢复了"实事求是"的政治原则,并提出了社会主义初级阶段理论。为此,他提出"有中国特色的社会主义理论"。然而,这一理论刚刚提出来的时候就面临着各种挑战,其中最大的挑战就是:随着改革开放,中国社会发生了巨大变化,与此同时,西方资本主义的各种理论和价值观念在社会上迅速传播。面对这种来自现实和理论的巨大挑战,如何在改革开放、发展市场经济的前提条件下,在中国从传统社会迅速向现代工商业社会转变从而面临社会分化、价值多元的历史条件下,重建社会主义理论以及中国共产党人的理想信念就成为中国共产党必须解决的政治难题和理论难题。如果说在社会主义理论脉络中,共产党是工人阶级的先锋队,致力于消灭资产阶级和资本主义,可是一旦改革开放并发展市场经济,那就意味着社会上合法地存在着一个新兴的商业阶层,他们的利益诉求就需要有相应的政党来代表,这无疑对中国共产党的领导以及社会主义制度构成挑战。正是为了回应这种政治挑战,中国共产党基于改革开放的实践,以巨大的理论勇气系统地展开对"有中国特色的社会主义理论"的丰富、完善、发展和创新。比如江泽民同志提出的"三个代表"理论,就有效地回应了市场经济发展推动的社会利益多元化所带来的民主化诉求,使得在社会阶层多元化发展的时代,中国共产党成为最大多数人民利益的代表,成为个人利益与集体利益、眼前利益与长远利益以及社会各阶层不同利益的总协调者,从而成功地避免了改革开放导致中国共产党只代表工农利益而出现的代表性危机。此后,胡锦涛同志又进一步提出党的"先进性建设",从理想信念的政治维度而非单纯的利益协调维度来开展党的建设,从而避免共产党因丧失理想信念而蜕变为简单协调各阶层利益的利益型政党,避免当年苏联提出"全民党"这个概念带来的信仰危机。

在这一系列基于改革开放实践的理论创新中,最重要的就是 2001 年提出的"实现中华民族的伟大复兴"这个口号。它用民族主义的精神底蕴有效凝聚了全党全国人民。可以说,在中国特色社会主义理论的发展中,这是一个关键性的转折。它意味着中国发展的道路和中国共产党的精神滋养从发源于欧洲的共产主义理论传统转移到中华文明历史传统中。从中华文明史角度看,中华民族的伟大复兴意味着中国继商周时代、秦汉时代、唐宋时代和明清时代之后进入第五个全面复兴的时代。中华文明几千年辉煌的政治想象成功地填补了共产主义概念缺失所留下的信仰真空。这种民族主义的政治信念成为凝聚全党和全国人民的重要精神力量,而这份民族自信心和自豪感有助于中国政治的稳定,为中国政治秩序提供了更深的正当性基础,从而推动中国在经济上迅速崛起。党的十八大之后,习近平同志进一步将中华民族伟大复兴提升到"中国梦"的高度,为中国人提供了理想

第一章　哲学与历史——马克思主义中国化的内在逻辑

生活的未来愿景。

然而,在一个全球化的时代,中华民族伟大复兴的意义不仅是中国的,而且也是世界的。它需要给人类提供一个理想的全球愿景。如果缺乏共产主义这种更高理想信念的引导,中华民族伟大复兴也很容易让中国在前进中迷失方向。从国际政治角度看,这个口号很容易引发西方国家以及中国周边国家对中国趋向于民族主义的担忧,"中国威胁论"也因此具有很大的市场。西方人往往从自身霸权的历史经验出发,将中华民族伟大复兴理解为恢复历史上中国在东亚的主导权,从而把它看作是对西方霸权的挑战。由此,美国开始"重返亚洲",在南海问题上对中国进行发难。西方学界由此普遍联想到历史上的德国崛起挑战英国霸权或苏联崛起挑战美国霸权,开始关注所谓的"修昔底德陷阱"。本来中国提出的"一带一路"倡议从推动全球贸易自由化的立场出发,以"共商共建共享"的新理念和大格局来重现"丝绸之路"上的东西方贸易所带来的繁荣和稳定。然而,在西方霸权主义的世界观中,"一带一路"被理解为麦金德与马汉相结合的地缘政治战略,美国不断鼓动和挑拨"一带一路"沿线国家与中国的关系,并试图构建所谓的"美澳日印"机制来牵制中国的发展。

从国内政治角度看,中华民族伟大复兴与西方自由民主体制并不矛盾。国内的自由主义从中看到了新的政治可能,于是自由主义内部发生分化，一部分人开始调整策略，将过往迷信个人权利和自由市场并因此抵制国家和民族看作一种政治幼稚，并因此拥抱国家崛起这个政治主题，由此发展出的"大国派"主张只有采取自由民主宪政才能真正实现中华民族的伟大复兴，英美宪政成为中国崛起的政治样板，而德国和苏联的失败也自然成为反面教材。与此同时，伴随着中华民族伟大复兴口号发展起来的文化保守主义孕育出一种极端复古派，甚至提出"儒化共产党"的主张，否定中国共产党领导民主革命所取得的人人平等的历史性成就，为此甚至不惜否定五四运动和辛亥革命。在这种背景下，封建复古思潮一时间沉渣泛起，商业资本与文化资本相结合，推动各种封建依附关系和利益关系的团团伙伙渗透到党内。可以说，这两种政治思潮与自由派的政治体制改革思潮结合在一起，对中国共产党领导国家的政治权威和政治体制构成挑战，其根源在于对中国所走的社会主义道路提出挑战。在这种背景下，习近平同志重提党内淡忘已久的共产主义理想信念，为中华民族的伟大复兴确定最高的理想信仰和最终的发展方向。

无论是乌托邦还是共产主义，都是源于西方文明传统中的概念。正是基督教线性时间的历史观改变了古典时间循环的历史观。这不仅孕育了对未来美好想象的乌托邦思想，而且孕育了西方理论中的社会进步发展观。因此，西方学者认为基督教的救赎神学与现代理论中的历史进步发展观一脉相承,甚至将共产主义的起源追溯到基督教中的灵知主义传统。马克思主义也因此被解读为世俗版的先知预言。然而,马克思始终强调要将共产主义从乌托邦理念变成一种科学社会主义,这就意味着共产主义必须落实在现实生活中成为一个可以检验的具体生活状态,共产主义就要变成实证科学意义上的"共产主义社会"。如果说在马克思的年代社会主义还没有建成,共产主义社会只能是一个遥远的哲学构想,那么当苏俄和中国在建成社会主义之后,制定实现共产主义社会的"时间表"和"路线图"就变得尤为迫切。共产主义就面临着从哲学理念转化为"共产主义社会"的具体制度建构问题。无论是列宁构想的苏维埃政权加电气化,还是毛泽东同志构想的人民公社,理想一旦落到现实生活中就丧失了原来的色彩。正是由于共产主义哲学理念与实证科学意义上的共产主义社会建构之间的内在张力,引发毛泽东同志开始思考共产主义社会中究竟是否存在矛盾这样一个根本的哲学问题。其实,类似基督教中的"千禧年追求",上帝的降临只能被不断地延后,如果我们真的可以在社会中证实上帝审判的生活状态,恐怕基督教也将面临丧失信仰色彩的难题。

因此,习近平同志在重提共产主义概念时并不是在科学社会主义的脉络里重提"共产主义社会"这个概念,而是借用中国传统文化中"不忘初心，方得始终"的格言，把共产主义从西方实证科学传统中的具体社会制度建构巧妙地转化为中国传统哲学的心学，从而将共产主义提升为一种理想信念和精神信仰，用中国传统文化中的心学重新激活了共产主义这个概念所具有的精神能量。由此，追求共产主义就不需要立刻建构出一个现实的生活状态，而是作为党的最高理想信念，成为党性教育和党性修养的一部分，成为中国共产党的"心学"。共产主义不是在遥远的将来有待实现的某种具体社会状态，而是将最高理想融入当下政治实践中的生机勃勃的精神状态。共产主义不仅是未来理想中的美好生活，更是中国共产党人在当下政治生活实践中的精神状态。这样，共产主义的理想信念就会融入为理想而奋斗的具体历史进程和工作实践中。正是在中国传统文化的脉络里，对共产主义这个最高理想的理解也就不再是马克思在西方理论传统里构想的没有社会分工"异化"的人类原始的伊甸园状态，而是更多地与中国传统文化中"天下大同"的理想联系在一起。党的十九大报告的最后一段一开始就用"大道之行，天下为公"这个最高理想来激励全党和全国各族人民。而在报告的具体内容中，更是在中国传统文化中的"大同理想"基础上进一步提出"幼有所育、学有所教、劳有所得、病有所医、老有所养、住有所居、弱有所扶"的社会状态。党的二十大报告进一步提出了"构建人类命运共同体，创造人类文明新形态"的理想，

"万物并育而不相害,道并行而不相悖。只有各国行天下之大道,和睦相处、合作共赢",才能"建设一个共同繁荣的世界"。

因此,同样讲"不忘初心",在 2016 年庆祝中国共产党成立 95 周年的讲话中,习近平同志用"初心"来指共产主义远大理想,而在党的十九大报告中指"为中国人民谋幸福,为中华民族谋复兴",在二十大报告中加上"为人类谋进步,为世界谋大同"。这几个表述之所以有差异是因为:2016 年"七一"讲话对全党而言是一次哲学高度上的思想回顾和精神洗礼,因此更着眼于共产主义这个最高理想信仰,将其转化为中国共产党人的"心学";而党的十九大报告和二十大报告更多阐述的是全党在现实历史阶段中的使命担当和具体治国方略,因此更多着眼于中华民族伟大复兴这个更为切近的信念和目标,从而将共产主义放在社会主义核心价值和党的建设等具体工作中。可以说,习近平同志对共产主义概念的重新阐释是新时代马克思主义中国化的典范,即马克思主义不仅要和中国社会实际相结合,更要和中国文化相融合。由此,共产主义的最高精神追求和中华民族伟大复兴的理想愿景相互支撑,相得益彰,共同成为新时代凝聚全党和全国各族人民的精神支柱。因此,在党的二十大报告一开始提出的"三个务必"中,第一个就是"务必不忘初心,牢记使命"。

正是由于共产主义的理想信念,中华民族伟大复兴就绝不可能回到中国的过去,而必然是"旧邦新造"。中华民族伟大复兴必须和中国特色社会主义的建构紧密联系在一起。如果说在改革开放和社会主义现代化建设新时期,"中国特色社会主义"这个概念的重心在"中国特色",那么在新时代,"中国特色社会主义"的重心在"社会主义",用社会主义的基本政治原则来校正自由派和保守派对中华民族伟大复兴的各种解释。这就意味着中国特色社会主义必须放在全球共产主义运动史中加以重新定位。

三、新时代中国特色社会主义:中国式现代化方案

党的十九大报告对新时代的第三个定位就是在国际共产主义运动史中的定位。报告特别指出中国特色社会主义进入新时代,"意味着科学社会主义在二十一世纪的中国焕发出强大生机活力,在世界上高高举起了中国特色社会主义伟大旗帜"。

马克思、恩格斯提出科学社会主义并在世界上推动了共产主义运动,从而开始探索社会主义的现代化道路。如果说马克思、恩格斯时代西欧的社会主义实验(尤其是巴黎公社)属于第一个阶段,那么十月革命之后苏联的社会主义建设所形成的苏联模式及其对社会主义阵营的影响可以看作是第二阶段。新中国成立后一段时间也基本上是在学习苏

联模式。而从邓小平同志提出有中国特色的社会主义开始,中国无疑进入社会主义现代化道路探索的第三个阶段。这个阶段实际上肇始于1956年毛泽东同志反思苏联模式并提出"十大关系",中国走向了独立探索社会主义现代化的发展道路。其中在产业结构上调整了苏联以重工业为主的倾向,强调处理好重工业、轻工业和农业的关系,沿海与内陆的关系,经济建设与国防建设的关系,尤其是放松了中央计划的权力,赋予地方探索的自主性。后来,虽然各地方掀起的"大炼钢铁"的工业化运动变成不符合科学规律的灾难,但是"大跃进"就像熊彼特所说的"创造性破坏"一样,一定程度上让工业化的理念、技术和人才从大城市扩散到小城镇。改革开放后,乡镇企业异军突起、遍地开花,也与上述背景遥相呼应。而在政治上,如何克服苏联和东欧的社会主义国家面临的"新阶级"问题,克服执政党蜕变为特殊利益集团的问题,毛泽东同志也进行了艰苦的探索,试图将"大民主"看作是克服官僚主义的制度路径。然而,在特殊历史背景下,对中国道路的探索演变为激进的"文化大革命",从而变成一场灾难。可以说,新中国成立之后,中国如何从自己的经验出发走出不同于苏联模式的社会主义道路,既积累了成功的经验,也经历了惨痛的教训。所以,改革开放重新恢复"实事求是"的原则,实际上就是恢复到《论十大关系》所开辟的道路上,全面探索中国特色社会主义建设。当苏联模式的社会主义现代化道路随着苏联解体和冷战结束而全面失败时,中国在世界上举起了中国特色社会主义的伟大旗帜,成为西方资本主义发展模式的有力竞争者。以至于有学者说当年社会主义救了中国,而如今中国救了社会主义。

需要注意的是,邓小平同志最初使用的概念是"有中国特色的社会主义",这个概念也成为党的十三大报告的主题。党的十四大报告将这个概念改为"有中国特色社会主义"。从党的十六大报告开始,这个概念变成了"中国特色社会主义"。表面上看起来,这仅仅是文字表达的凝练,可实际上包含着深刻的政治含义。无论"有中国特色的社会主义"还是"有中国特色社会主义",都假定有一个一般原理的"社会主义"在那里,这就是马列著作和苏联实践中所定义的社会主义,而我们不过是在这个"社会主义"的基本框架中增加一些"中国特色"。然而,"中国特色社会主义"这个概念意味着社会主义并没有一个一般原理的发展模式,而只是一些基本的理念和原则。这些原则和理念需要随着时代的发展而在实践中不断地进行探索和发展。"中国特色社会主义"不是在既定的"社会主义"框架中增加中国特色,而是用中国的实践经验来探索并定义究竟什么才是"社会主义"。由此,"社会主义"不是僵化的教条,而是一个开放的、有待探索和界定的概念。中国不是亦步亦趋地学习西方经验和苏联经验中产生的社会主义思想和制度,而是以更大的自信心来开创社会

第一章 哲学与历史——马克思主义中国化的内在逻辑

主义的发展道路,将社会主义现代化建设推进到第四个阶段,这就是习近平所提出的推动中国特色社会主义不断成熟定型的新阶段。为此,党的十八大报告明确提出了建设中国特色社会主义的"道路自信、理论自信、制度自信",表明中国在探索社会主义现代化道路上越来越自信,而这种自信的底气恰恰就来自深厚的中国文化传统。正是中国文化为"共产主义"理念注入了新的精神能量,为社会主义现代化开辟了新的道路,激励世界上的发展中国家开辟自己的现代化道路。因此,党的十九大报告中在原来"三个自信"的基础上,又增加了"文化自信"而变成了"四个自信"。正是基于这种文化自信和理论自信,党的二十大报告提出了"马克思主义中国化时代化",用马克思主义原理来回答"中国之问、世界之问、人民之问、时代之问"。由此,习近平新时代中国特色社会主义思想就不仅仅是中国的马克思主义,而且是具有全球时代普遍意义的二十一世纪马克思主义。

因此,一旦进入国际共产主义史的视野,就意味着对新时代的定位不能局限在党史、共和国史和中华文明史,而且要从国际共产主义运动史进入全球文明史。这就意味着中国特色社会主义必须在全球范围内获得普遍认可。

一部全球文明史就是全球不同国家和民族从传统迈向现代的历史。在这个转型过程中,欧美国家率先完成了现代化转型,从此开始奴役其他国家和民族,迫使其他国家和民族接受西方模式。进入19世纪,德国第一次开始探索不同于英美的资本主义现代化道路,这个道路不同于英美自由资本主义模式,后来被贴上"国家资本主义"的标签。然而,德国模式对西欧英美模式的挑战随着德国在两次世界大战中战败而失败了。进入20世纪之后,苏俄对西方资本主义现代化道路发起第二次挑战,提出了一条社会主义的现代化道路,并因此改变了全球格局。俄国和中国等后发国家从落后的封建农业国一跃而为世界强国,无疑显示了社会主义道路内在的优越性。然而,苏联模式发起的挑战也随着苏联解体而失败了。美国主导的西方资本主义似乎迎来了全球胜利并开启了以西方模式为标准的"全球化"。因此,在一些西方思想家看来,西方现代化道路已成为唯一普遍的真理,世界历史正在进入"历史终结";而在另一些思想家看来,这种全球化表面上导致"历史终结",然而实际上是导致"文明冲突"取代冷战意识形态冲突,人类文明会重返前现代的黑暗时代。

在这种国际背景下,中国特色社会主义建设就不仅在中华文明史的尺度上对中华民族伟大复兴具有重大意义,而且在人类文明史的尺度上对探索人类文明的未来走向具有重大意义。中国文明能否对全人类作出新的贡献,很大程度上取决于中国文明能否为人类文明的发展探索一条新的现代化道路,尤其是对所有后发达国家而言,能否摆脱资本主义现代化带来的依附命运以及在全球分化中面临的文明冲突困境。正是在这个意义上，党的十九大报告对中国特色社会主义新时代在全球文明史上做出明确的定位："拓展了发展中国家走向现代化的途径，给世界上那些既希望加快发展又希望保持自身独立性的国家和民族提供了全新选择，为解决人类问题贡献了中国智慧和中国方案。"党的二十大报告将这个现代化的"中国智慧"或"中国方案"正式命名为"中国式现代化"。

早在 20 世纪 80 年代，邓小平同志就提出了"中国式现代化"的问题，其中重要的一条就是实现"小康社会"，进而走向"共同富裕"。当时中国特色社会主义的探索主要是为了解决中国自身的发展问题，防止在全球化浪潮中被"开除球籍"。这种现实的历史处境导致中国在国际秩序中长期"韬光养晦"。然而随着中国成为世界第二大经济体，中国已不可能脱离全球而独善其身。中国必须重新调整世界与自身的关系，把中国特色社会主义建设与全球的发展联系起来，积极参与全球治理，承担起对全人类的责任。为此，习近平同志从党的十八大以来就全力推动中国在政治、经济和思想方面的转型，明确提出"共商共建共享的全球治理观"来构建新的国际治理体系，推动"文明对话"，最终构建"人类命运共同体"。而这些思想恰恰来源于中国传统文化中"天下为公""天下一家"的共同体理念与"和而不同"的和合理念。这无疑会成为中国智慧对全人类的贡献。在党的十九大报告中，

"贡献"这个概念出现了 11 次,是历次党代会报告最多的一次。而中国共产党之所以把对全人类的"贡献"作为自己的行动指南,恰恰证明中华民族伟大复兴不是民族主义的,而是世界主义的。这种世界主义精神一方面来源于中国儒家的天下主义传统,那就是十九大报告最后援引的"大道之行,天下为公";另一方面来源于解放全人类的共产主义信念。党的十九大报告中特别指出:"中国共产党是为中国人民谋幸福的政党,也是为人类进步事业而奋斗的政党。中国共产党始终把为人类作出新的更大的贡献作为自己的使命。"这些理念在党的二十大报告中进一步发展为"坚持胸怀天下"。二十大报告还进一步提出:"要拓展世界眼光,深刻洞察人类发展进步潮流,积极回应各国人民普遍关切,为解决人类面临的共同问题作出贡献,以海纳百川的宽阔胸襟借鉴吸收人类一切优秀文明成果,推动建设更加美好的世界。"

中华文明在历史上曾经对东亚乃至全世界的文明发展作出原创性的巨大贡献。近代以来,中国的民主革命和社会主义道路虽然对被压迫民族的解放事业作出了重要贡献,但这种贡献主要来自对西方现代化模式的选择和运用。这都不属于中国的原创性贡献。今天我们之所以强调中华民族的伟大复兴,复兴的重要使命之一就是要将西方文明的各种现代化成就与中华文明传统融为一体,开辟一条新的现代化道路,从而为人类文明从传统进入现代开创一条具有原创色彩的道路。尽管有不少学者提出"中国模式"这个概念以区别于"西方模式",但党的十九大报告采用"中国智慧"和"中国方案"这两个概念,本身就体现了中国智慧,即真正的天下主义要能够包容多样化的发展模式。事实上,新中国始终秉持的"和平共处五项原则"与中国传统文化一脉相承。中国文化之所以源远流长不断发扬光大,就在于尊重周边各种文化并善于取其所长,不断完善和提升自己,从而提供生活的榜样而吸引周边地区来学习模仿。

因此,"中国方案"意味着中国绝不会像西方那样将自己的发展道路强加给其他国家,而是提供一套发展的理念、思路和方法,让其他国家根据自己的国情来探索适合本国的发展道路。同样,中国特色社会主义作为一种现代化的中国方案,并不试图像苏联社会主义模式那样全面挑战并取代西方资本主义模式。在西方霸权主义主导的世界中,"中国方案"的提出必然会遇到阻力、矛盾和冲突,但中国绝不会因此而主动挑起新的冷战,因为中国始终尊重每个国家(包括西方国家)自己的发展模式,并始终坚持学习和借鉴其合理内涵而丰富和完善中国的发展模式。中国发展的目标不是简单地超越西方或战胜西方,而是不断超越自己,不断打破人类历史发展的局限。党的十九大报告中明确提出要"推动中华优秀传统文化创造性转化、创新性发展",要"不忘本来、吸收外来、面向未来"。正因为如此,面对冷战后西方推动"历史终结"所引发的地缘冲突和文明冲突,中国始终保持低调克制,采取不结盟的外交政策,在国际事务中不会预先选择立场,而始终以"实事求是"的务实态度与冲突各方尽可能保持良好商业贸易和政治文化关系,并努力为全球尤其是后发达国家提供基础设施、交通、互联网等公共产品,以"无所争而无所不争"的中国智慧在潜移默化地改变世界格局,从而真正展现出一种文化自信和政治成熟。因此,与德国、苏联、美国的崛起追求世界霸权不同,中国式现代化实际上秉持了一种独特的"中国例外论"。这种例外主义恰恰展现出中国文化与西方文化的不同,即西方文化始终试图在二元对立中最终克服矛盾对立而追求绝对的同一,而中国文化始终强调对立中的统一与包容,从而形成多元一体的和合理念。因此,"中国方案"的雄心恰恰在于立足中国文明传统来吸收世界上所有文明的长处,从而推动中国文明传统的现代性转化,最终建立超越西方文明并包容西方文明的人类文明新秩序。

由此来看,无论19世纪的德国模式,还是20世纪的苏联模式,这两次对西方现代化道路的挑战始终是西方文明内部发展道路的分歧。这几种发展模式都是在基督教传统上发展起来的"历史终结"模式。唯有目前我们正在建构的"中国方案"才真正是从中国文明的历史传统出发来建构新的现代化发展道路。如果说近代以来一直到社会主义革命和建设时期,再到改革开放和社会主义现代化建设新时期,中国现代化的主要任务是怎么学习和消化西方资本主义现代化和社会主义现代化所取得的成就，那么新时代所建构的现代化的"中国方案"无疑要把这种学习和借鉴转化为传统文明的再生，从而缔造不同于西方文明的现代化发展道路。这不仅意味着要改变地理大发现以来西方文明一统天下的全球政治格局，也意味着要在文化和文明意义上打破过去五百年西方文明在全球的支配地位，从而迎来人类文明发展的新时代。党的十九大报告将这个新时代表述为："要尊重世界文明多样性，以文明交流超越文明隔阂、文明互鉴超越文明冲突、文明共存超越文明优越。"这无疑是从中国文明的立场出发，否定了冷战后西方人给出的"历史终结"与"文明冲突"这两条文明发展道路，描绘出人类文明发展的新图景。

正因为如此，党的二十大报告提出的"中国式现代化""既有各国现代化的共同特征，更有基于自己国情的中国特色"。其中一个根本国情就是"中国式现代化是人口规模巨大的现代化"，但更重要的是基于中国文明传统和价值观念，中国的现代化必须是"全体共同富裕的现代化""物质文明和精神文明相协调的现代化""人与自然和谐共生的现代化""和平发展道路的现代化"。由此，中国式现代化就与西方式现代化形成了鲜明对比。后者恰恰是少数资产阶级的现代化、物质富裕而精神虚无的现代化、人征服自然的现代化、"通过战争、殖民掠夺"的现代化。这就意味着人类的现代化道路从资本主义现代化、社会主义现代化迈向了中国特色社会主义现代化(中国式现代化)。

四、斗争精神:从主体哲学到矛盾论

党的十九大报告以中华民族五千年文明史为时间背景,以鸦片战争以来西方文明对中国文明的挑战为空间场景,叙述一代又一代中国人在这样一个时空交错的巨大历史舞台中上演的壮丽史诗。这个历史的时空背景构成了中国现代思想的出发点。

中国古典的文化传统在整个东亚世界形成了一种普遍主义的天下秩序观,并由此构建了与伊斯兰世界和西方世界相连接的古典国际法体系——朝贡体系。天下秩序和朝贡体系是一个普遍主义的多元一体系统,可以容纳不同的民族、文化和宗教信仰,中国人由此保持高度的文化独立性和自主性。然而,伴随着西方文明率先完成现代化转型并以此推动资本主义的全球化,每一个非西方文明面对西方冷酷无情的商业资本主义和赤裸裸的枪炮殖民主义,要么被毁灭,要么成为欧洲殖民地,被迫放弃本国文化传统,接受西方的文化信仰和生活模式并因此依附于西方。这就是1840年以来西方枪炮带给中国人的现代性命运:要么"亡国灭种",要么像日本那样全盘西化转而成为新的列强继续殖民奴役其他国家。马克思在系统批判资本主义现代化道路的基础上，提出了共产主义理想和社会主义现代化道路，其中最重要的思想就是强调被压迫人民和民族一律平等。这种社会主义的现代化道路率先在俄国取得胜利，从而将人类的现代化进程从西方中心的资本主义阶段发展到东方中心（俄国和中国等）的社会主义阶段。可以说，俄国十月革命胜利和马克思主义传入中国，为中国人开辟了探寻另一条现代化道路的可能性。

表面上看起来，西方资本主义与苏俄社会主义两条现代化道路是资产阶级和无产阶级这两个阶级作为现代化的担纲者选择两种不同的制度模式、发展战略，但其背后实际上是两种生存价值选择：是野蛮掠夺与平等共处之间的选择，是依附西方与独立自主之间的选择。对中国人而言更是两种人格、国格和精神生活的根本性选择，这属于道体层面而非器用层面的选择。就像两个人打架，有的人被打败了就认输，从此甘为胜者的走卒，有的人虽然被打败但绝不服输，屡败屡战并最终要战胜对方。前者日子很舒服但缺乏尊严，后者要捍卫自己的尊严就意味着必须走一条艰难和痛苦的道路。在西方哲学中，这两种人格就在哲学上构成了奴隶人格和主人人格的区别。

中国传统哲学思想推崇天人合一的和谐状态。因此，中国人并不完全能理解西方哲学中的主体与客体、主人与奴隶这样的思维方式。近代以来伴随西方坚船利炮而来的就是这套西方所谓的"主体性哲学"。过去，我们将这套主体性哲学理解为现代科学摧毁宗教迷信而确立人的主体地位，是科学认识论将世界客观化、对象化之后产生了主客体对立。近代西方主体性哲学也因此被看作是认识论哲学。然而，我们不能忽略这种西方主体性哲学与西方政治生活的密切内在关联，如果说哲学是对时代精神的反映，那么主体性哲学恰恰是西方人政治生活的内在精神的理论升华。什么样的哲学就会教化出什么样的人，从而塑造什么样的政治秩序，同样政治秩序也会产生内在正当性，而对这种正当性的系统理论表达就成为哲学。

西方主体性哲学萌芽于古希腊哲学。"人是万物的尺度"奠定了人在自然秩序中的主体地位。然而，这里所说的"人"是由希腊城邦政治生活提供的具体的所指。古希腊政治生活建立在奴隶制的基础上。奴隶不过是"会说话的工具"，因此他们不是"人"而是"物"，主人与奴隶的支配关系就成为主体性哲学的现实基础。唯有城邦中拥有奴隶的主人不需要考虑谋生，才有资格成为自由人，成为城邦的公民。只有这些自由人才能摆脱自然需要的限制，而思考什么样的生活才是美好的生活，由此他们才能成为自然的主人，也就成为哲学意义上的作为万物尺度的"人"。因此，西方政治思想中的主人、自由人和公民这些概念,西方哲学中所说的人和主体这些概念,实际上是对同一种生活的两种不同维度的表达。

伴随着地理大发现和主权国家建立过程中争夺领土和殖民地的惨烈战争,西方哲学认为只有独立的、敢为自己的生存权利拼死搏斗的人才具有"主人人格",才具有"主体"资格,只有在战争状态中经历生死搏斗的考验且无法被征服的主人才能获得相互平等地签订社会契约的主体权利,由此才能将其主体权利上升为"绝对主权"。从霍布斯、黑格尔到尼采、马克思都将争夺主人地位的斗争理解为推动历史发展和进步的动力。同样,只有在生死搏斗中获得相互承认的主权者才能构成平等的国际法主体,进入到国际社会俱乐部,这就是威斯特伐利亚体系的开端。从此,无论维也纳会议还是巴黎和会,无论雅尔塔会议还是今天的G7会议,都是这种主体性哲学的产物。自然秩序有待人类征服而创造出一个人为的世界,这是现代科学;政治秩序也是由人与人、阶级与阶级、民族与民族在相互征服的社会契约中建立起来的,这就是启蒙哲学。秩序就是由主体支配客体而形成的,自然秩序是人对自然的支配,国内秩序是阶级支配,国际秩序也就是列强支配。

马列主义进入中国的第一天就带来了一种新的主体哲学观念。这就是工人阶级和劳苦大众作为历史命运的主体,而其最终目标就是将人类从这种相互征服的主体哲学中解放出来。因此,这是人类历史上最后的斗争。中国究竟是走一条依附于西方的现代化道路,还是探索一条符合中国实际的、独立自主的现代化道路,在哲学上意味着中国人究竟能不能作为自己命运的主人,以主人的姿态生存于世界民族之林,而在政治上就变成中国革命的主体究竟是依附西方的买办资产阶级和小资产阶级,还是追求民族独立和人民解放的工人阶级、广大农民以及民族资产阶级。中国共产党从成立的第一天起,就意味着马克思主义的主体哲学与中国人民作为政治主体的历史建构紧密地结合在一起,从根本上结束了晚清以来中国资产阶级对西方世界的软弱妥协的依附品格,中国人民以不妥协的、独立的主人姿态出现在全球政治舞台上,挑战西方的现代化道路以及由此形成的全球秩序。

党的十九大报告对中国共产党的诞生用这样一句话来评价:"中国人民谋求民族独立、人民解放和国家富强、人民幸福的斗争就有了主心骨,中国人民就从精神上由被动转为主动。"党的二十大报告继续强调中国共产党"在应对国内外各种风险和考验的历史进程中始终成为全国人民的主心骨,在坚持和发展中国特色社会主义的历史进程中始终成为坚强领导核心"。"主心骨"这个词来源于中国传统哲学,强调心是身体的主人,而道体乃是心的主人,而"精神"这个词来源于西方的主体哲学,强调精神、思想对身体、物质的统率作用。中国人民在斗争中有了"主心骨","精神上由被动转为主动"就意味着中国人终于从屈服于西方的列强的奴隶人格转向了反抗、斗争的主人人格,从而开始真正把握自己的历史命运。面对物竞天择、适者生存的全球竞争格局,中国人要作为主人出现,就必须有"亮剑"的勇气面对每个民族卷入其中的生死搏斗。一部中国共产党人领导中国人民革命的历史,一部中国共产党人领导中国人民开展社会主义现代化建设的历史,一部中国共产党人领导中国人民推动中华民族伟大复兴的历史,就是一部作为历史主人的斗争史。这种"亮剑"勇气就是党的十九大报告中反复提到的"斗争精神"。党的二十大报告开篇的"三个务必"中最后一个就是"务必敢于斗争,善于斗争"。面对世界百年未有之大变局,中国人要实现中华民族的伟大复兴,改变历史上西方支配全球的现代化模式,为后发达国家提供现代化的"中国方案",必须进行不妥协的斗争,而首先就是要面对冷战后美国建构世界帝国带来的全面打压。在某种意义上,正是由于党的十九大报告中做好了应对美国打压的准备,当后来美国发起一轮又一轮贸易战、科技战、法律战、舆论战的时候,中国才能万众一心,从容应对。

早在起草党的十八大报告时,习近平同志就主张在报告中写入一句话:"发展中国特色社会主义是一项长期的艰巨的历史任务,必须准备进行具有许多新的历史特点的伟大斗争。"从党的十八大到十九大的五年之所以被看作"极不平凡的五年",是因为在这段时期,面对国内外错综复杂的变化局势,尤其是全球格局的变化和中美关系面临转折的关键岁月,中国必须从"中美夫妻论"的迷梦中醒过来,抓住稍纵即逝的"战略机遇期",以只争朝夕的斗争精神,"迎难而上,开拓进取",从而取得"历史性成就"。党的十九大报告最大的亮点之一就是"斗争"成为报告的关键词之一,全文使用了23次。报告明确提出"实现伟大梦想,必须进行伟大斗争"。这种斗争精神无疑是主人人格的体现。报告甚至用文学笔法比较了历史潮流中的两种形象:"历史车轮滚滚向前,时代潮流浩浩荡荡。历史只会眷顾坚定者、奋进者、搏击者,而不会等待犹豫者、懈怠者、畏难者。"前者是以斗争精神争取胜利的主人形象,后者是缺乏斗争勇气而必然沦为奴隶的形象。这两种形象的描述和对比,无疑激励着中国共产党人不忘初心,以主人的斗争精神和品格,争取实现中华民族的伟大复兴。

中国共产党的"斗争精神"来源于历史唯物主义的阶级斗争思想。斗争是人民大众作为历史主人必备的精神品格,正是人民群众的斗争精神赋予了中国共产党强大的行动能力。中国共产党不是代表那些在全球化时代可以到处自由流动的资产阶层或自由漂泊的知识分子,也不是代表那些后工业社会中追求个人心灵享受和安乐的末人,而是始终扎根中国本土大地,代表在本土大地上生生不息的中国人民,尤其是占据人口大多数的基层劳苦大众,代表他们努力拼搏、不断战胜各种困难甚至战胜自我的这种生机勃勃的天然向上力量。中国共产党虽然强调政治领袖的主导性作用,但领袖之所以能够成为领袖就在于始终依靠党组织并推动党组织扎根人民群众,与人民群众建立"血肉联系",从而将一盘散沙的民众凝聚为真正的"人民"。相反,凌驾于党组织之上的领袖很容走向独裁,而脱离人民群众的党组织很容易腐败,蜕变为利益集团,这恰恰是苏联亡党亡国的历史教训。在党的十九大报告中,"人民"这个关键词出现了201次,党与人民建立"血肉联系"这个词出现3次,在历届党代会报告中是最多的一次。党的十九届六中全会进一步强调,中国共产党"代表中国最广大人民根本利益,没有任何自己特殊的利益,从来不代表任何利益集团、任何权势团体、任何特权阶层的利益,这是党立于不败之地的根本所在"。党的二十大报告关于反腐败的问题,特别提出要"坚决防止领导干部成为利益集团和权势团体的代言人、代理人,坚决治理政商勾连破坏政治生态和经济发展环境问题,决不姑息"。

因此,中国共产党始终扎根本土,其政治性与其说来源于其阶级性,不如说来源于其本土性和民族性,是地地道道的中国品格。中国共产党所具有的这种斗争品格,不仅来源于马克思的主体哲学,更是来源于"天下兴亡,匹夫有责""君子自强不息"的中国文化精神。从"开天辟地""女娲补天""精卫填海""后羿射日""愚公移山"等这些古老的神话寓言故事中就可以看出，中国人这种大无畏的斗争精神已经深深渗透在整个民族的血液中。正是五千年中华文明的精神传承和全中国十几亿人不屈不挠的奋斗精神，赋予了中国共产党这种敢于斗争、善于斗争的精神品格。党的十九大报告特别强调"我们党要始终成为时代先锋、民族脊梁，始终成为马克思主义执政党"。正是这种斗争精神让中国人呈现出"苟日新，日日新"的精神面貌。在党的十九大报告中，"新"这个字被广泛运用，提出"新时代""新格局""新理念""新举措"等各种概念，其中"创新"一词就出现了53次。这里的"创新"不但是经济发展中的技术创新，而且是企业管理、社会治理和国家治理的创新，更是人的生活方式和精神面貌的"创新"。"新"这个概念从来不是区别于"旧"，而是扬弃"旧"并吸收"旧"的合理内核的"新"。因此，西方二元对立的"新""旧"划分，以及由此形成的自由主义与保守主义等各种对立的概念体系，实际上无法准确把握中国人的生活状态和思想品格。在中国的思想传统中，"新"这个概念展现出整个世界在矛盾运动中生生不息的变化状态，而这恰恰是中国传统哲学的精髓所在。中国古典"五经"之一的《易经》就将生生不息的变化更新作为理解整个世界的出发点。世界是由矛盾运动推动发展变化并由此带来斗争精神和推陈出新，马克思主义辩证法与中国传统文化在这一点上具有高度的内在一致性,这恰恰构成了马克思主义中国化的深层哲学根源。因此,中国人很容易从传统文化所强调的道德精神状态的"新"转向马克思主义所强调的科学技术这种物质力量的"新"。"科学技术是第一生产力""发展才是硬道理"始终是中国共产党的政治信念,而中国共产党正是要作为"先进生产力"的代表,努力走在科技革命的前列,最终引领人类科技发展的未来,并驾驭科技未来的发展方向,使其真正服务于全人类。因此,面对全球科技竞争,党的二十大报告将放在教育文化章节中的"科教兴国战略"单独设为一章,强调"必须坚持科技是第一生产力、人才是第一资源、创新是第一动力,深入实施科教兴国战略、人才强国战略、创新驱动发展战略,开辟发展新领域新赛道,不断塑造发展新动能新优势"。

事实上,马克思主义与中国文化相融合早在马克思主义第一次中国化的过程中就已经开始。毛泽东同志曾经对阶级斗争及其背后的辩证法思想进行了中国式改造,从而使马克思主义与中国传统文化相融合,提出了"矛盾论"和"实践论"的思想。中国共产党的斗争哲学不仅基于主体性哲学,而且基于在实践中把握整个世界对立统一的矛盾学说。在矛盾论的世界观中,矛盾是普遍的,但斗争并非是必然的,斗争这个概念并不具有必然的绝对地位。是否要进行"斗争"乃至于采取怎样的斗争,最终取决于在实践中对矛盾及其性质的判断，取决于对主要矛盾、次要矛盾，矛盾的主要方面和次要方面的精确把握，因为矛盾虽然是普遍的，但生生不息的变化才是根本，矛盾是随时在变化的、转变的。在这个意义上，我们可以说实践要面对的生生不息的变化要优先于普遍的矛盾，矛盾只有在实践变化中才能被判断和把握。正是从实践论出发，毛泽东同志提出敌我矛盾和人民内部矛盾相区别的"两种矛盾学说"，对于人民内部矛盾而言，斗争就不是首要的，而说服教育才是主要手段。然而，究竟谁是敌人，谁是朋友，究竟采用斗争手段，还是说服教育手段，始终取决于对不断变化的社会政治状况所面临的内在矛盾性质的把握。

因此，在中国共产党的理论中，重要的不在于矛盾和斗争，而在于如何从生生不息、不断变化的实践活动出发来把握矛盾的性质。而能否从具体的、历史的实践出发，实事求是地对每一时期政治和社会矛盾做出准确的分析和判断，从而提出正确的策略和政策，就成为对中国共产党的政治智慧的考验。政策和策略之所以被看作是党的生命，就在于考验党是否有智慧、有能力从现实社会形形色色、纷繁复杂的矛盾中辨识出主要矛盾，认清矛盾的主要方面，从而能够真正把握历史跳动的脉搏。从新中国成立以来，每次党代会对党所面临的政治生活的主要矛盾做出政治判断，党的事业成败很大程度上就取决于能否从实践出发对社会矛盾作出科学准确的判断，从而有针对性地提出相应的政策和策略。新中国成立之后，中国的社会主义事业之所以遭受挫折甚至陷入"文革"悲剧，很大程度上由于中央偏离了党的八大对社会主要矛盾的判断，把阶级矛盾看作社会主要矛盾。而改革开放之所以取得成功，是由于中央重新恢复实事求是原则，重新调整对主要矛盾的判断，从而确立了以经济建设为中心的基本方针和政策。

从这个意义上说，面对社会实践的不断变化，基于意识形态的教条主义、脱离实际的官僚主义和落后时代的经验主义始终是中国共产党在思想上的大敌，这也迫使中国共产党人不断基于实践的变化展开理论创新。如果说基于苏联经验的共产主义全面计划的教条主义、脱离中国实践的阶级斗争甚至"文化大革命"给我们的社会主义建设带来灾难，那么改革开放之后，伴随着对"文革"的否定，也自然带来对矛盾哲学和斗争精神的冲击。然而，改革开放在与西方接轨过程中，逐渐形成了以经济学和法学为主导的一套中立性和非政治化的新政治话语。这套话语渐渐遗忘了中国的历史和实践，抹杀了中国的政治主体性，日益变成了一种新教条主义，彻底背离了矛盾论和实践论，忘记了"鞋子合不合适只有脚知道"这样浅显的道理。可以说，改革开放的几十年也是中国学术界和思想界逐渐遗忘矛盾学说、斗争学说和实践学说的几十年。马列主义和毛泽东思想作为名词概念虽然出现在主流话语中，但在实践中却未能完全被当作认识问题、把握问题和解决问题的哲学方法论,从而导致马列主义和毛泽东思想成为空洞的概念表达,而不再具有鲜活的实践内容,不再作为认识问题的哲学工具,不再能与人们的政治生活建立内在的联系,因此也无法真正深入人心。作为一个理念型政党,中国共产党如果丧失了马列主义和毛泽东思想提供的哲学分析工具和分析方法,就丧失了指明未来发展方向的理论法宝,必然丧失理想信念的价值支撑和凝聚人心的理论武器,从而为各种政治思潮的泛滥打开方便之门。其结果就是市场经济的利益交换原则渗透到党内,各种力量"围猎"政府官员并结成利益集团,以谋求政治上的权力,甚至攫取党和国家的最高权力,改变党的性质,中国将面临重蹈苏联崩溃覆辙的危险。

习近平同志在担任总书记之后就提出一个引发全党深思的问题:苏联共产党被解散时,为什么两千多万党员"竟无一人是男儿"?从表面上看,这要从戈尔巴乔夫的"新思维"开始,但其深层思想根源要从赫鲁晓夫借批判斯大林而搞修正主义开始。无论是与美国搞"和平竞赛",还是从共产党蜕变为"全民党",苏联共产党从根本上丢掉了马列主义的哲学武器,导致苏联共产党不仅丧失了共产主义的理想信念,更重要的是丧失了为政治信念而斗争的政治本能和生存勇气。哲学武器的丧失必然带来斗争精神的丧失,理想信念的丧失也必然带来主体精神的丧失。

因此，习近平同志担任总书记之后紧紧围绕"党的领导"这个核心问题"举旗定向"，高举马列主义理论和共产主义理想信念的大旗，坚定不移走中国特色社会主义道路。这就意味着中国共产党重新掌握了唯物辩证法这个哲学武器，用矛盾论和实践论的世界观和方法论来认识世界。一旦重新掌握了矛盾论和实践论的哲学分析工具，那么斗争品格必然重新回到中国共产党的政治思想建设中，成为中国共产党的政治灵魂。换句话说，中国共产党的斗争品格来源于马列主义的哲学自觉，主体哲学中的斗争精神与矛盾论和实践论中关于世界生生不息变化的哲学思想有机地结合起来，有矛盾就意味着有冲突、有斗争，而是否斗争以及如何斗争必须在变化的实践中针对现实问题展开分析，从而解决现实矛盾和现实问题，取得斗争胜利，推动实践进一步向前发展。因此，党的十九大报告明确指出，"中国共产党是敢于斗争、敢于胜利的伟大政党"，要"实现伟大梦想，必须进行伟大斗争"，而斗争的根源就在于矛盾运动推动社会发展的必然性："社会是在矛盾运动中前进的，有矛盾就会有斗争。我们党要团结带领人民有效应对重大挑战、抵御重大风险、克服重大阻力、解决重大矛盾，必须进行具有许多新的历史特点的伟大斗争，任何贪图享受、消极懈怠、回避矛盾的思想和行为都是错误的。"

正是在矛盾论和实践论的哲学基础上，党的十九大报告第一次提出中国社会的主要矛盾变为"人民日益增长的美好生活需要和不平衡不充分的发展之间的矛盾"。早在1956年党的八大报告中,明确提出中国社会的主要矛盾是人民对于建立先进工业国的要求同落后的农业国的现实之间的矛盾,人民对于经济文化迅速发展的需要同当前经济文化不能满足人民需要的状况之间的矛盾。经过"文革"之后,《关于建国以来党的若干历史问题的决议》又提出我国的主要矛盾是人民日益增长的物质文化需要同落后的社会生产之间的矛盾。可以说,经过这70多年的努力,中国实现了从站起来、富起来到强起来的历史性跨越。新的社会矛盾将中国推进到新的历史时代,而新的时代自然需要新的思想来解决面临的新问题。因此,习近平同志重提矛盾论和斗争哲学绝不是简单地回到过去的阶级斗争理论,而是要把毛泽东同志开创的中国社会主义事业推进到更高的历史阶段。这无疑构成习近平新时代中国特色社会主义思想的历史起源。

五、马克思主义中国化:新宪制与核心价值建构

新时代的宏伟蓝图是通过历史展现出来的。在经史交融的叙述传统中,历史叙述本身就隐含着一套哲学思想。党的十九大提出了习近平新时代中国特色社会主义思想。和毛泽东思想一样,习近平新时代中国特色社会主义思想不仅

是习近平同志个人的思想,更是全党集体智慧的结晶,是在继承和发展毛泽东思想、邓小平理论、"三个代表"重要思想和科学发展观基础上的又一次理论创新。它不仅是马克思主义与当代中国实践相结合的产物,更是马克思主义与中国传统文化相融合的产物。

马克思主义中国化的过程始终是马克思主义与中国传统文化的融合过程,这个过程从社会主义革命和建设时期就已经开始。如果说习近平新时代中国特色社会主义思想与毛泽东思想和邓小平理论有什么不同,首先就在于新时代中国特色社会主义不同的历史阶段、不同的社会实践所面临的社会主要矛盾不同,从而在思想理论上要解决的问题也有所不同。马克思主义第一次中国化要解决的是一个半殖民地半封建社会如何完成无产阶级革命的问题,由此形成的毛泽东思想主要是一套革命建国的理论,其中就包括工农联盟、武装斗争、"农村包围城市"、统一战线等各种具体的理论。马克思主义第二次中国化要解决的是如何摆脱苏联模式的影响,立足中国现实探索一条社会主义现代化的建设道路,从而实现"四个现代化",解决中国社会面临的主要矛盾。这条道路的探索从社会主义革命和建设时期开创,最终在改革开放和社会主义现代化建设新时期趋于完成,由此形成的中国特色社会主义理论主要是如何开展中国特色社会主义经济建设的理论,比如社会主义市场经济理论、"三个代表"重要思想和科学发展观等。然而,面对中国社会的主要矛盾的变化,要在前人所开创的经济基础现代化("四个现代化")的基础上,着力推进上层建筑的现代化,这就是习近平同志提出的国家治理体系和治理能力现代化。这可以看作是马克思主义中国化新的飞跃的重要内容,即基于马克思主义原理探索一套符合中国实际的政治制度。党的十九大报告将习近平新时代中国特色社会主义思想概括为"八个明确""十四个坚持",但其核心思想在于探索党如何领导国家,实现全面依法治国,推进国家治理体系和治理能力的现代化,推动中国特色社会主义制度更加成熟定型。因此,国家治理现代化不能简单地理解为"四个现代化"之后展开的"第五个现代化",而应当理解为在"四个现代化"所奠定的中国特色社会主义市场经济的基础上构筑与此相适应的上层建筑的现代化。

1949年以来,新中国就按照马列主义的基本原理并学习苏联模式开始创建人民民主专政的国家宪制体系,包括党的领导制度、政治协商制度、人民代表大会和民族区域自治制度等等。由于俄国革命依赖大城市的胜利,从而苏联宪制中党的领导高度依赖国家体制自上而下的强制,相反中国革命走的是以农村包围城市的道路,党直接扎根于社会,相对独立于国家体制。由此,新中国成立之后,中国现代化道路在国家宪制层面上就要探索如何处理党和国家的关系。在这个探索过程中,毛泽东同志基于延安"窑洞对"的构想,诉诸人民民主的理论,试图发动群众的民主首创精神和斗争精神来克服政党官僚化倾向以及国家官僚体系脱离人民群众的倾向,然而由于特定的历史环境,这种诉诸民主的构想在实践中演变为"大民主",一度摧毁了政党体系和国家机器,出现了"以党代政"的局面。改革开放之初,针对"文革"中"党政不分""以党代政"的"人治"弊端,邓小平同志提出加强社会主义民主和健全社会主义法制的理念,并提出按照党政分工的思路改革党和国家领导体制,并开始推行经济体制改革和政治体制改革。党的十三大报告进一步发展为在"党政分开"基础上推进政治民主化的政治体制改革思路。20 世纪 80 年代末的政治风波,促使邓小平同志重新思考党领导国家的体制,开始全面强化党的领导,由此党和国家开始出现整合趋势,许多地方党委书记担任地方人大负责人。

在这个基础上,中国经济体制改革逐步形成了中国特色社会主义市场经济体制,然而政治体制如何改革始终在探索之中。从"三个代表"重要思想的提出开始,中国加快了政治体制改革的步伐,党的十五大明确提出建设社会主义法治国家的战略目标,其中明确用"法治"这个概念取代了原来的"法制"概念,由此推动了持续多年的司法改革,推动法律的程序化、理性化和专业化,同时也加快理性化、科层化的政府管理体制改革。然而,党如何驾驭这个日益科层理性化的官僚司法机器,党和政府如何面对市场经济带来的社会自由空间不断扩大、社会利益不断分化、人权法治意识不断提高的社会,就成为政治体制改革需要不断回应的问题。党的十六大报告明确"发展社会主义民主政治,建设社会主义政治文明,是全面建设小康社会的重要目标",提出"在坚持四项基本原则的前提下,继续积极稳妥地推进政治体制改革,扩大社会主义民主,健全社会主义法制,建设社会主义法治国家",并将政治体制改革看作是"社会主义政治制度的自我完善和发展",提出"改革和完善党的领导方式和执政方式"。在此基础上,党的十六届四中全会进一步提出如何在新的历史条件下加强党的执政能力建设,提出了"科学执政、民主执政和依法执政"的理念。

尽管党的十六大将"党的领导、人民当家作主和依法治国的有机统一"确立为社会主义民主政治的原则,但在社会主义法治国家的建设中,由于受到了改革开放以来引入的西方法治理念和法律制度的影响,导致党的领导与依法治国之间形成潜在的张力。不少人认为实行依法治国就要树立宪法和法律的绝对权威性,落实宪法中规定的全国人大及其常委会的最高权力机关地位,批评现实中的全国人大及其常委会乃是"橡皮图章",从而引发"党大"还是"法大"、"依法治国"还是"以法治国"、"法制"还是"法治"的一系列争论。而依法治国就要推动以法律理性化、程序化和专业化为目标的司法改革,并以此推动司法独立,甚至以美国的司法审查制度为蓝本,推动实行"宪法司法化"。可以说,西方法治理念在潜在地挑战党领导国家的宪制原则。与此同时,法治发展推动的人权保护,在西方意识形态的支持下,人权政治运动以各种各样的形式展开,"通过法治实现民主"成为推进政治民主化的新策略。随着党的十七大报告提出"扩大党内民主带动人民民主",党内干部任命中的民主测评、公推公选逐步推开了,党内民主的扩大带来了干部的政治活力,但也导致拉帮结派、结党营私的现象,地方山头和小团体派系开始形成,削弱了民主集中制原则,甚至在人大代表选举中出现了贿选的现象。政治体制改革在民主制度和法治建设领域的探索都对党的领导构成挑战,如果放任这种情况继续发展,中国就可能重蹈苏联覆辙,走向"改旗易帜的邪路"。

可以说,改革开放以来形成的中国特色社会主义市场经济基础与党领导国家的上层建筑之间出现了不协调的地方。新时代中国特色社会主义制度的建设就必须解决这个难题,建立与中国特色社会主义市场经济相匹配的上层建筑。正是针对这个长期探索但始终在理论上和实践中未能有效解决的问题,习近平同志在党的十八届三中全会上提出,全面深化改革的总目标是完善和发展中国特色社会主义制度,推进国家治理体系和治理能力现代化。这就意味着中国的政治体制改革绝不能在党政分离的思路下走向"改旗易帜的邪路",中国的政治体制建设必须始终围绕如何巩固党的领导、改善党的领导展开。为此，作为三中全会的"姊妹篇"，十八届四中全会进一步提出建设中国特色社会主义法治的理论，其中明确提出"党的领导是中国特色社会主义最本质的特征，是社会主义法治最根本的保证"，将"以德治国"和"依法治国"相结合确立为中国特色社会主义法治的基本原则，将党章所统率的党规党纪正式纳入国家法治体系建设中，从根本上理顺了党的领导与依法治国的关系。在此基础上，党的十九大报告进一步强调"党政军民学，东西南北中，党是领导一切的"，"党是最高政治领导力量"。党的十九大之后，中国宪法进行了重要修改，不仅将"党的领导"明确写入宪法第一条中，而且为了实现党章和宪法的相互衔接，修改了宪法中国家主席的任期。

可以说，推进国家治理现代化就是要在理论上和制度上奠定党全面领导国家的新宪制秩序。这套新宪制秩序既区别于西方资本主义国家党与国家相分离基础上形成的自由民主体制，又区别于苏联模式中党和国家高度整合的旧党政体制，而是基于中国的历史传统和政治现实，在党和国家之间建立起一种良性互动。这套新宪制秩序一方面要将党领导国家纳入现代法治范畴中，使党按照党章和宪法的规定来领导国家。这就意味着有必要将党章（Constitution of the CCP）和宪法（Constitution of the PRC）看作国家宪法体系的核心部分，在党章和宪法的基础上构想违宪审查机制，推动党章统率的党规党法体系与宪法所统率的国家法律体系相衔接;另一方面将中国特色社会主义制度与中国传统文化中的政治传统有机地融合在一起。比如党章所统率的党规党法体系与宪法所统率的国家法律体系之间,会相互磨合形成一套现代的礼法互动关系,而国家监察体制的建立无疑是在中国传统政治文化现代化的体现。党的十九大宣布中央成立"全面依法治国领导小组",其任务不仅在于进一步完善党领导国家的新宪制秩序,而且应当吸收西方法律传统的有益要素,形成一套新的中华法治传统。而党的十九届四中全会着眼于中国特色社会主义制度的完善,展开了全面系统的规划和建设。

然而,国家上层建筑不仅包括政治法律制度,而且包括文化意识形态。每一种政治体制都需要一套相适应的核心价值的支撑,由此形成政治与文化相互支撑的政教体系。西方资本主义制度提供了自由主义的核心价值所支撑的自由民主体制,它构成了西方文明的核心。苏联社会主义现代化提供了共产主义核心价值所支撑的无产阶级专政(人民民主专政)体制,它构成社会主义制度的核心。那么,支撑新党政体制的核心价值必然就是中国特色社会主义的核心价值。改革开放以来,市场经济和社会分化带来了各种价值观念的兴起,中国进入了多元价值观念的时代。然而,如果缺乏核心价值观念的凝聚,多元价值不仅导致政治的迷失,而且会带来价值观念和社会利益的冲突。坚持社会主义的核心价值体系成为党的十九大和二十大之后的重要任务。这项工作无疑是马克思主义中国化新的飞跃的重要内容。

事实上,党的十八大以来,以习近平同志为核心的党中央已经开始推动将马克思主义与中国传统文化相融合。比如我们前面所讨论的将马克思主义的共产主义信仰融入中国传统的"心学",将西方主体哲学融入自强不息的传统君子人格,将西方辩证法融入矛盾论和实践论,融入生生不息变化求新的中国传统哲学思想。这就意味着中国特色社会主义的核心价值必然是马克思主义理论中共产主义所代表的核心价值与中国传统儒家文化奠定的核心价值的融合,由此才能提出真正符合中国人的精神气质和现代社会的客观要求的核心价值。从这个角度看,中华民族的伟大复兴就不仅仅是经济和政治的复兴,而且是一种政治体制和核心价值相互支撑的新的政治和教化传统的复兴,它必然是"中华文明的伟大复兴"。如果说中华文明曾经实现了伟大复兴,从而将中华文明从华夏本土扩展到整个东亚,那么面对近代以来西方新教-自由主义的挑战,我们今天正在经历中华文明的再次伟大复兴,而这次伟大复兴必然意味着中华文明要辐射更大的范围,对人类命运共同体的建构产生积极的影响。这无疑构成了中国人民在新时代最伟大的历史使命。

第二章　"四位一体"的中国与中国共产党

"领导我们事业的核心力量是中国共产党。"[①]这一论断在中国可谓耳熟能详、家喻户晓。党的领导对于中国各项事业的核心意义,是由中国共产党与当代中国的深度同构关系所决定的,这种同构关系意味着,中国共产党已融入中国社会的每一细部,内化为当代中国的历史与现实。就其大者言之,这种深度同构关系可被称作"四位一体"。当代中国的"四位一体",即融政党国家、民族国家、文明国家、人民国家四重定位于一体。对于"政党国家"意义上的中国而言,中国共产党是组织和领导中国各项事业的执政党;对于"民族国家"意义上的中国而言,中国共产党是维系中华民族之为统

---

① 毛泽东:《为建设一个伟大的社会主义国家而奋斗》,《毛泽东文集》第6卷,人民出版社,1999年,第350页。

一体的核心纽带；对于"文明国家"意义上的中国而言，中国共产党是文明传承的核心代表；对于"人民国家"意义上的中国而言，中国共产党是贯彻实践党与人民的"师生辩证法"的核心主体。

一、"政党国家"之核心政党

"政党国家"是一种近代以来的政治现象，它意味着政党成为国家政治的主要组织力量，从而至少在形式上取代了传统意义上贵族或门阀对于政治权力的垄断。现代意义上的政党，源出于西方，在西方语境中，表达"政党"的词汇（如英语 party，法语 parti，德语 Partei）皆可回溯到拉丁语 pars（意为"部分"），因而政党也很自然地被理解为源于社会中特定的"部分"成员、代表其利益并为其服务的意味。这与中国传统语境中以"党"指代通过私利或私谊而结成的集团（前者如结党、党羽，后者如父党、乡党）、徇私忘公而导致偏袒的行为（"党同伐异"），有相通之处，故常具贬义，而与之相反的"不党"[①]（英语 impartial，法语 impartial，德语 unparteiisch，意为"不偏袒的，公正的"），则成为被推崇的

---

① 《论语·卫灵公》："君子矜而不争，群而不党"。

状态。

西方式民主习惯于将作为个体总和的大众分解为若干因利益而勾连起来的利益集团,将这些利益集团进行相互竞争博弈的过程描述为民主政治的主要内容。不同集团所进行的利益博弈,在不触及阶级结构、所有制与财产权等核心问题,即不动摇资本逻辑的统治地位的前提下,只能围绕各种次要问题展开。在此过程中,为了尽可能多地获取外部资源倾斜,必须不断放大自己的利益诉求而贬抑乃至抹杀对立集团诉求的正当性,从而不断推高解决问题的社会成本,造成不同利益群体间关系的进一步对立与紧张,以及公众对于各方陈述的无所适从与无以置信。

当此类博弈集中地体现为代表各自利益团体的政党竞争,则在此意义上的政党,充分验证麦迪逊在《联邦党人文集》第10篇中所做的论断:"一些公民……团结在一起,被某种共同情感或利益所驱使,反对其他公民的利益,或者反对社会的永久的或集体的利益"。在此意义上,政党一词所具有的"部分""有私""偏隘"的古老属性依然支配着当代的实践。

西方式"政党国家"的这种情态,使其往往无法理解中国共产党与中国现代国家的关系。中国共产党诞生于传统中国向现代中国艰难转型的过程中。实现传统中国向现代中国的转化之任务,至为不易:这一转化必须是全面根本的,要求与之相适应的全面社会改造,而不可能只着眼于某一局部。这一转化是在外力裹挟逼迫下发生并伴随着危机不断深化的,故而必然体现为极巨大的历史断裂,无视这种断裂而认为传统自身可自然地过渡到现代之设想,只能流于虚诞。这一转化发生于外敌侵凌、民族处于生死危亡之际,必须号召动员组织最广泛之民众参与方可成就,这绝非移植西方的理念与模式可达成的,而必然要借助植根于中国传统与现实的自有资源。而欲达到万众一心之局面,必须有强大统一的领导核心以作担当。因此,解决中国近代以来全面危局的根本,即在建立具有高度组织性、代表性和行动力的新团体,它不仅能够完成对于一切社会资源的有效整合,更要提供一种传统中国所匮乏的集体生活。唯有毛泽东思想指引下的中国共产党,在领导中国人民革命建国的过程中,现实地承担起了这样的历史使命。

因而,中国的现代转型,不是依靠某种"自发秩序"(类似西欧在中世纪与文艺复兴阶段的)来推动社会的组织化程度提升,恰恰相反,有组织之社会团体的建设,必须依靠国家这一组织化程度更高的团体推动,而国家要达到有效整合一切资源、实现全民动员与组织的目的,必须依靠组织化程度更高的团体,即具有高度组织性纪律性的列宁主义式的政党。在这种意义上,中国现代国家的内在品质是由中国共产党所塑造的。这决定了,中国共产党对于作为"政党国家"的中国而言，其"党"的含义，与中国传统语境与西方现代语境下的"党"都有本质的差别：它所代表的是一种超越于部分之上的整体性存在，因而并无专属于自己的私利，它旗帜鲜明地将自己区别于遵循工具理性、科层制结构进行治理的技术官僚体制代表，也不会自降为代表特定阶层与集团之私利的、以利益交换和博弈为追求的"执政党"。正如习近平同志在庆祝中国共产党成立 100 周年大会上的讲话所言："**中国共产党始终代表最广大人民根本利益，与人民休戚与共、生死相依，没有任何自己特殊的利益，从来不代表任何利益集团、任何权势团体、任何特权阶层的利益。任何想把中国共产党同中国人民分割开来、对立起来的企图，都是绝不会得逞的！9 500 多万中国共产党人不答应！14 亿多中国人民也不答应！**"

与之相应，这也意味着不需要为中国共产党寻找一个有别于 party 的译名（如将之译作英语 legion，意为"军团；军团式的组织"）。毋宁说，中国共产党代表着"党"的古老内涵的现代转化，而西方式的政党观念恰恰表明其依然停留在旧的世界认知与想象中。在现代西方语言中，"政治"（英语 politics，法语 politique，德语 Politik）一词虽源自古希腊语 polis（意为"城邦"），但其内涵早已超越了城邦共同体或城邦事务的范畴。中国共产党以政党而达致超越部分、私利、偏隘的"不党"境界，正如以政治超越城邦。

二、"民族国家"之维系纽带

（一）民族国家与主体民族

现代意义上的"民族国家"与"民族主义"，起源于欧洲（及被欧洲势力所统治的南美），大致经历了如下几个阶段。

萌发期（16—18世纪）。以对于民族语言和民俗传统的广泛兴趣和研究为重点，产生了将民俗传统转化为"民族传统"的诸多实践，但尚未形成带有明确政治诉求的运动。

早期（18世纪后期—19世纪中期）。民族概念超越文化范畴而进入政治生活，生成了大量后来颇具影响力的民族主义观点与理论。特别是在法国大革命中所提出的民族、国家、人民的同一关系，更成为此后民族主义叙事中最核心的命题。但整体而言，这一时期受民族概念影响的群体，是欧洲各国的政治-商业精英与知识分子。

中期（19世纪中期—第一次世界大战后）。民族概念下沉至底层民众，民族主义成为欧洲各国所普遍接受、带有极强大的社会资源整合动员（但同时也构成撕裂瓦解）效力的时代潮流，并超越欧洲的范围，直接影响了包括中国在内的广大东方国家。第一次世界大战正是在欧洲各国统治阶级高举"民族主义"旗帜、国民高度认同参与的情势下发生的。

伴随着一战后世界体系的重大变化,以"民族自决"为标志的民族原则被置于王朝帝国原则之上,从而引发了奥匈帝国、俄罗斯帝国、奥斯曼土耳其帝国等带有"制度多元主义"特征的"老大帝国"之崩解,在此基础上形成了一批新型的亚欧民族国家。

全盛期(第一次世界大战后—20世纪60年代)。民族主义与广义的社会主义相结合,民族解放与社会主义革命、反帝国主义运动相促进,基本终结了16世纪以来所形成的旧殖民体系,一大批亚非拉国家获得独立。中国革命的伟大胜利既是那一时代背景下的产物,也以自己的实践,极大地鼓舞和促进了世界性的社会主义与民族解放事业,是这场运动极重要的组成部分。

"去政治"期(20世纪70年代后)。所谓的"去政治",意味着这一阶段的民族主义与社会主义运动的关联逐渐弱化消散,进而失去民族主义曾有的促进国家统一与解放的功能与追求,转而成为否定—消解整体性国家认同的力量。就实践看,这一阶段的民族主义不再具有进步主义的色彩,而渐渐成为分离主义乃至部落主义(tribalism)的别名。

造成民族主义的这种"去政治化"倾向的原因颇为复杂,但很重要的一点,在于主要基于欧洲经验所产生的马志尼(Giuseppe Mazzini)式民族观:"每个民族都是一个国家。一个民族只有一个国家"(这事实上是后人所总结,但被归于马志尼名下）。这种以同质化的血缘、语言、文化为基础，统合地缘、族群、宗教等诸多要素的民族-国家同一论，生发出第一次世界大战后被普遍接受但事实上包含深刻矛盾与巨大张力的"民族自决"原则。相对于此前世界上盛行的王朝帝国原则，承认"民族自决"权的威尔逊之《十四条宣言》和列宁有关独立的民族国家是发展资本主义的常态（而族群复杂的帝国是阻碍资本主义发展的政治外壳）的论述，都代表着更具进步意义的时代潮流。但作为"民族自决"和"民族国家"基础的国家-民族同一论（同质论），是一种高度理想化的理论建构与想象，它既可以被用来塑造带有统一整全意味、合亿万人为一人的国民性（法国大革命期间流行的"单一而不可分裂"理念对于法国的民族构建和国家整合发挥了极重要的作用），但同样可能被用于削弱和瓦解多民族国家的整体认同，进而瓦解国家本身。

事实上，不可避免拥有众多民族的现代国家，在民族观念深入人心的情况下，往往需要先确立国内的"主体民族"，并以此为基础整合其他民族。但这种"主体民族"的划分，本身就暗含着将其他民族边缘化的假设，在缺乏足够的政治认同的情况下，这恰恰会强化国内的"非主体民族"的独立意识。如果将"民族"的原则视作最高的政治价值或身份认同的来源，则基于"主体民族"和"非主体民族"划分的民族国家便始终无法摆脱国家认同的危机。20世纪社会主义运动与民族解放运动的结合,之所以特别具有积极意义,恰恰在于社会主义本身所包含的平等、觉悟、解放、团结之精神,能够超越民族观念的偏狭特征,而赋予人民以更高的政治与文明认同。苏联的解体则再次说明,一旦缺少这种更高的认同与象征这种认同的政治组织,在多民族国家会引发怎样的剧烈震荡。而曾经作为民族国家与民族主义之典范的西欧,伴随着旧世界体系的加速失效乃至失序,也逐渐失去光环,也不得不面对以强调同质化为特征的民族国家与越来越难以同质化的现实之间的巨大矛盾。

(二)超越欧洲式主体民族想象的中华民族与中国共产党

正是有此对比,才能看出"中华民族共同体"对于现代中国的意义所在。中华民族这一概念,由梁启超于1901年在《中国史叙论》中首先提出,并于1903年的《政治学大家伯伦知理之学说》中较系统论述为:"吾中国言民族者,当于小民族主义之外,更提倡大民族主义。小民族主义者何?汉族对于国内他族是也。大民族主义者何?合国内本部属部之诸族以对于国外之诸族是也……合汉合满合蒙合回合苗合藏,组成一大民族"。此后,这一概念深入人心,渐为各方所接受与使用。辛亥革命爆发后,孙中山及革命党人迅速调整了原先带有汉族中心色彩的民族主义主张,于1912年元旦在《中华民国临时大总统宣言书》(及《中华民国临时约法》)中提出

"五族共和"说:"国家之本,在于人民。合汉、满、蒙、回、藏诸地为一国,即合汉、满、蒙、回、藏诸族为一人,此为民族之统一。"《清帝逊位诏书》沿承了这一表述:"总期人民安堵,海内乂安,仍合满、汉、蒙、回、藏五族完全领土,为一大中华民国。"这种超越具体一族而合和中国境内之各族为一体的共识,在某种程度上促成了清王朝向民国、传统中国向现代中国的主权转移与承接。但当时深受帝国主义欺凌、深处半殖民地半封建泥潭的中国,令这一构想无法获得真正的现实性。

真正将这种构想转化为现实的,是中国共产党所领导的伟大的人民革命。作为创建之始就超越19世纪式议会型政党的新型政治组织,中国共产党既是具有极强的组织纪律性和高度战斗性的工人阶级政党,又保持着对于社会各阶层的开放性和对其中优秀分子的强烈吸引力和道义感召力,因为决定党员之为党员的不是其阶级出身,而是在实践中塑造与体现的阶级意识;而中国共产党的最终理想,是解放全人类从而建立无阶级的共产主义社会,这与中国人希望摆脱近代以来列强加于自身的屈辱压迫,进而与全人类以"远近大小若一"的方式共进于太平的天下关怀具有内在的契合。正是在此意义上,成就了中国共产党作为工人阶级先锋队和中华民族先锋队的双重身份。

1935年12月25日,中共中央政治局讨论通过的瓦窑堡会议决议中指出:"共产党不但是工人阶级的利益的代表者,而且也是中国最大多数人民的利益的代表者,是全民族的代表者。""中国共产党是中国无产阶级的先锋队……同时中国共产党又是全民族的先锋队"。瓦窑堡会议第一次明确提出了中国共产党"两个先锋队"的自我定位。12月27日,毛泽东同志在陕北瓦窑堡党的活动分子会议上的报告中进一步阐释:中国共产党"不但代表了工农的利益,同时也代表了民族的利益","工人、农民占了全民族人口的百分之八十至九十","总括工农及其他人民的全部利益,就构成了中华民族的利益"。在这里,通过对现实政治关系(工人、农民和其他人民)的把握,实现了一种富于创造力的对中华民族的界定。而这种界定,又为进一步的政治动员与整合提供了强大的思想支撑。在中国革命获得决定性的胜利、中华人民共和国即将成立前夕,毛泽东同志在中国人民政治协商会议第一届全体会议上庄严宣告:"我们的民族将从此列入爱好和平自由的世界各民族的大家庭,以勇敢而勤劳的姿态工作着,创造自己的文明和幸福,同时也促进世界的和平和自由。我们的民族将再也不是一个被人侮辱的民族了,我们已经站起来了。"

如果依然使用"民族国家"的概念,那么对于"民族国家"意义上的中国而言,中华人民共和国的主体民族,不是欧洲意义上人口占据绝对多数之特定族群,而是融通政治认同与文明认同、合五十六个具体民族为一体的中华民族。维系中华民族之自我认同的，一方面是五十六个民族互相依存、交流、学习、融合的长达数千年的悠久历史及其记忆与经验，另一方面则是五十六个民族在通过中国革命摆脱内外压迫获得独立自主地位的过程中建立起来的对于中国共产党和社会主义道路的深刻认同。这两个维度的交织融汇，本质上是以儒释道为主干的中国传统文明与以中国化马克思主义即毛泽东思想为核心的社会主义文明在文明论意义上的创造性综合，它们共同塑造了作为五十六个民族统一体之中华民族的集体自我意识。因而，中华人民共和国的建立，既是中华民族自强不息卓绝奋斗的结果，也从根本上确认和保障了中华民族的生存与发展，既是古老历史的延续展开，又是全新的历史开端与起点，既是现代民族国家的创建，同时又是对民族国家的超越。也正是在此意义上，中国共产党是维系中华民族之为统一体的核心纽带。

三、"文明国家"之传承代表

（一）中华文明的根本特质

承载着毛泽东同志"应当对于人类有较大的贡献"之期许与使命的中国社会主义道路，是从中国传统中生发出来的,是在对于自我传统的创造性转化与改造中展开实现的,它是中华文明传统在现代历史境遇中呈现的新形态。现代中国的社会主义革命与建设实践,本身已经融入了中国人的血脉和集体意识之中,与前现代的传统一样,成为自身传统的一部分。就中国的前现代传统而言,其体则儒释道三教和合,其用则儒法互补,进而吸收融汇各种其他的文明资源(如唐代的景教、祆教、摩尼教等)而化成自身。这一文明传统,极高明而道中庸,致广大而尽精微,极具内在张力而延绵持久,若就其一以贯之决定其所是而不可动摇的根本而论,则其根本特质有三:平等与觉悟的双运;文明与国家、道统与政统的结合;神圣价值与世俗生活的统一。

1. 平等与觉悟的双运

平等与觉悟的双运,是中国传统与社会主义的品质-价值最核心的契合处,它贯穿于儒释道传统,构成了中国从广大民众到先进知识分子迅速接受社会主义的思想与心理基础。

就儒家传统而言,由孟子所倡而为后世儒家普遍接受的"四心"说(《孟子·公孙丑上》和《告子上》提出的心之四端:恻隐之心、羞恶之心、辞让之心/恭敬之心、是非之心),"四心"中首要而根本的恻隐之心,本身就包含着对他人与自我同属一体之平等关系的觉知。恻隐之心在"四心"中的地位对应于仁,仁与义、礼、智不是并列的,而是占据了本体论的优先位置:义、礼、智由仁所生发,也由其统摄,具备此三者尚未足以称仁,而仁者则必定具足义、礼、智,否则无以为仁。尽管具有极广大精微的内涵,但有关仁之本质的根本定义始终在于"爱人"①。恻隐之心所对应的是"不忍人之心",这种"不忍人之心"最典型的显现是在"乍见孺子将入于井"的情境中,这种感情是超越社会身份差异、无偏私地由决定人之为人(同时也是人之异于禽兽)的本性中自然流出的。

"四心"于儒家的脉络对应于仁、义、礼、智,在道家,则曰"吾有三宝,持而宝之:一曰慈,二曰俭,三曰不敢为天下先"②,慈则对应于仁,俭对应于义,不敢为天下先对应于礼,而此三宝中又以慈为根本,故继而又言"夫慈,以战则胜,以守则固。天将救之,以慈卫之"③,这也与仁在儒家价值体系中的优先地位相应。仁的要义于儒家曰"爱人",而慈之根本于道家则在"能勇"("慈故能勇"),二者都同时包含着平等与觉悟的意味,也有着微妙的差别:以"爱人"为本质的仁,是由平等而觉悟;而令人"能勇"之慈,则由觉悟而平等。就道家传统而言,无论是以道法自然、虚极静笃为要旨的清静无为之道,还是以与天争衡、盗机逆用为核心的丹道,都强调通过认知和体证"生生"之旨,自主命运。

---

① 《论语·颜渊》:"樊迟问仁,子曰:'爱人。'"《孟子·离娄下》:"君子以仁存心。仁者爱人。"
② 《老子》第六十七章。
③ 同上。

大乘佛教,特别是作为中国化佛教圆成之代表的禅宗,特重"悲智双运"。智是对空性的究竟觉悟,悲是此觉性周遍法界的功用,二者共同包含在菩提心中。禅宗六祖以此"悲智双运"之境解说"功德",极尽妙旨:"见性是功,平等是德,念念无滞,常见本性,真实妙用,是为功德"①,进而反复铺陈展开:"内心谦下是功,外行于礼是德。自性建立万法是功,心体离念是德。不离自性是功,应用无染是德。……念念无间是功,心行平直是德。自修性是功,自修身是德。"至此境界,平等与觉悟圆融无碍,浑然不二。

构成中国传统之主体的儒释道三家,其核心处均包含着平等与觉悟双运之义旨,且都兼有世出世间两个维度,只是儒家之绝大部分关注在于世间法,而道家和佛家则更多的偏向于出世间法。

在现代语境下,这种平等与觉悟的双运,与"无产阶级只有解放全人类才能解放自己"的辩证法和作为先锋队组织的中国共产党"全心全意为人民服务"的宗旨是内在相契的,也与中国道路所包含的超越一切带有侵略、压迫特征的霸权体系、以"中华人民共和国万岁"与"世界人民大团结万岁"并举、进而同世界人民一起构建"人类命运共同体"的天下关怀紧密关联。

---

① 《坛经·决疑品》。

在经济领域,它超越于把人的本质简化为追求自利的欲望动物式的"理性人"("经济人")假设,指向一种高度重视人的能动性与觉悟性的扁平化管理结构,将"主人翁意识"与"企业家精神"有机结合起来的鲜活机制与实践。以"干部参加劳动,工人参加管理,改革不合理的规章制度,工人群众、领导干部和技术员三结合",即"两参一改三结合"原则为核心的"鞍钢宪法",正是这种实践中形成的最可宝贵的经验总结。它不但体现着社会主义国家人民当家作主的原则,也是互联网时代到来前便真正体现互联网精神的企业改造。这是从中国的企业管理实际中生成的对世界管理学理论作出的最富原创力、最具时代前瞻性的贡献。

在政治领域,它意味着超越以竞争性选举为核心的西方民主模式,进而超越以特殊权利的归属与认同为核心的"承认的政治",指向为他与为己、权利与责任相统一的"觉悟的政治"。这种"觉悟的政治",是人民内在本具的觉悟性从欲望动物式的"经济人"状态中被解放出来的过程,是人民自己做自己的主人、管理国家也管理自己、进而通过管理自己来管理国家的伟大实践。在这种实践中,作为"觉悟的政治"之起点与归宿、前提与结论、手段与目标、信仰与现实的,始终是毛泽东同志所提倡并践行的"为人民服务"。

2. 文明与国家、道统与政统的结合

相对于西方古典史学传统中,文明史与政治史的疏离割裂状态（以希罗多德与修昔底德为各自的代表），中国的文明史与政治史彼此支撑，均无断裂。它既保证了中国文明生命绵长，也保证了中国文明始终将一个中央集权的大一统国家作为自己的政治追求，作为载体与护卫，始终将强有力的统一国家当作维护与发展文明的必要条件。中华文明体的连续性是与政治体的统一性高度结合在一起的。

这种文明体与政治体之间的一贯性，肇端于中华民族通过治理大洪水而形成的天下一家、万众一心的集体记忆，成型于以周之封建与秦之郡县为代表的两次重大制度性创设。

中国经殷周之变，一方面大行"封建亲戚，以藩屏周"之封土建国方略，另一方面则以嫡长子继承制取代殷商之兄终弟及制，确立了君统之于宗统的绝对优先地位，从而形成以亲亲尊尊（天子于诸侯有亲亲之谊，诸侯于天子有尊尊之礼）为根本特质之封建制度，于其理想之境，则合宗法、亲情于一体，恩义相融通而各得其所（门内之治恩掩义，门外之治义断恩）。王国维因此于《殷周制度论》中以之为中国历史之最重大事件。这也是孔子始终致力于恢复周礼的核心缘由所在。

如果从历史而言，更多人会将秦建立"车同轨，书同文"的大一统国家视作中国之为中国的核心历史标志。秦的大统一是自周之封建制度事实上瓦解后形成的长达数百年的战国格局之终结，同时又是对战国情势下生成的新型国家之延续与超越：强势君主的出现，以血缘关系维系的贵族逐渐被边缘化,伴随着大规模军事战争及与之相关的国家动员,平民以事功而晋升乃至进爵日益普遍。正是在此基础上,出现了秦废封建、置郡县,混一宇内,远迈殷周的大一统格局。汉承秦制,基本确立了以郡县制为主体的中华政治-文明天下形态。故后代儒家虽一直以秦行法家霸道而对其政策多有指摘贬抑,然均深大其一统之功,柳宗元于《封建论》更是极辩证地论之:"秦之所以革之者,其为制,公之大者也;其情,私也,私其一己之威也,私其尽臣畜于我也。然而公天下之端自秦始。"此种思维为王夫之所承继,他进而于《读通鉴论》中提出:秦"以私天下之心而罢侯置守,而天假其私以行其大公"。此种意义上之天道运行正合于黑格尔意义上的"理性之诡计"(List der Vernunft)。

综合而论,周秦之制度,虽有封建、郡县之重大差别,然其尊君之义贯通始终。经过秦汉相续之大一统,一种承继周天子之权威又远超其上的后封建君主、不再依托宗法血缘纽带的君臣关系、以尊君为根本要义贯彻的中央地方关系,构成了新型君主与新型国家的基本特质。此种君主,可以称之为绝对主义君主,或更准确地说,主权君主——君主成为了国家主权的直接代表与行使主体,君主主权现实地体现、保障国家主权,构成大一统国家的正当性基础,进而构成大一统国家内在文明传承的基础。而西欧在进入现代前期才实现由封建领主之盟主向主权君主、封建领属之合体向主权国

第二章 "四位一体"的中国与中国共产党

家的转型。这种前现代时期的类主权国家存在所成就的国家整体资源掌控、调度、整合之伟力,以及在此基础上的文明与国家、道统与政统的有机结合,可以视作中国在如此漫长的历史时期领先于其他东西方政治-文明体的核心原因所在。

近代以来,欧洲通过法学方式论证脱胎于绝对君权之绝对国家主权的正当性,将国家主权定义对暴力的合法垄断并以此垄断作为自身合法性的基础。在中国,有关君主主权的论证,则始终是在三纲六纪之伦理系统内展开。以君臣之纲为三纲之首,统摄父子、夫妇二伦,显然并非依照自然时间之先后次第(自然之先后,正如《周易·序卦传》所言,"有夫妇然后有父子,有父子然后有君臣",并可以进而将起源上溯至男女、万物、天地),而是对于政治-文明体而言的本体论优先性:君臣关系所对应之高低、上下、尊卑等序,正是礼义之根本所在,这不但是国的核心逻辑,更可以比推之于宗族与家庭,进而构成父子、夫妇二伦的内在原则(父子夫妇之间,不但有亲亲之谊,亦有其尊尊之理,于其尊尊之义,则父之于子、夫之于妇,可类比君之于臣)。

也正是由于君主主权始终基于伦理本位而非其对暴力的垄断(这当然并不意味着它不具备施行杀伐统治的能力或意志),不同于霍布斯意义上强大森严、冷酷决绝如同《旧约》所记载之洪荒怪兽利维坦(Leviathan)一般的现代主权国家,传统中国之君主主权,始终是兼有尊尊与亲亲之义,既体现于朝廷之上的国是庙算,又得以推比而贯彻于父子、夫妇的家庭生活之中。

在此背景下,可以理解,尽管直接体现尊君之义的郡县制成为秦汉以来中国政治制度的主流,但绝不意味着封建要素的消亡或彻底边缘化。此类封建,不同于中世纪欧洲以特定之贵族阶层-阶级垄断权力-资源之情状,而更多体现为国家治理中,国家之权首在治官而非治民,其治止于县乡,而县乡之治则主要依托于特定的地方精英团体,此类精英团体往往被称之为乡绅,其构成则涵盖宗族耆老、致仕官员、地方贤达-豪强。这恰好对应于传统中国以伦理家庭为本位、通过科举制实现精英流动与阶层迁转的社会实际。这种君权下放与地方精英共治天下的做法,形成了郡县与封建并存的情态,它不但是一种政治性的制度与实践,也是一种文明意义上的倾向与选择。个中利弊,顾炎武于《郡县论》中论之甚允当:"封建之失,其专在下。郡县之失,其专在上。有圣人起,寓封建之意于郡县之中,而天下治矣。"

改革开放以来,中国经济实现了人类经济史上前所未有的超常增长,极具中国特色的"三维市场体制"居功甚伟。这一体制有别于常规西方市场经济中扮演监护者角色的政府与竞争性的企业之二维结构,由战略性的中央政府、竞争性企业和竞争性地方政府三大主体构成,地方政府不但承担着一般性的政府职能,更直接作为经济主体参与市场活动,在不同层级之地方政府通过横向竞争促进本辖区内经济发展的实践中,产生了与其竞争性经济主体地位相应的超常投资力。三维市场机制的形成,是社会主义革命和建设时期所形成的新型中央-地方关系在市场经济条件下的自然延展,其有效运转的核心,在于中央对地方自主性之认同与地方对中央权威之认同、中央对地方之自觉权力让渡与地方对中央之自觉遵从拥护的有机统一,其理论表达可追溯到毛泽东《论十大关系》中要发挥中央和地方两个积极性的论断("中央和地方的关系"部分),究其根源,则是"寓封建之意于郡县之中"的古老命题于现代中国的新鲜实践,是文明与政治、道统与政统间相互融贯特征的延续与深化。

3. 神圣价值与世俗生活的统一

中国的儒释道传统,均兼有世出、世间两个维度。在充分承认和肯定世俗生活之正当性的同时,也坚持超越世俗意义的神圣价值。中国传统始终认为神圣性寓于现实生活中,心念与心境的转变与提升,能让人于世俗世界中当下体证神圣。

在中国文明传统中,最高明神圣者,莫过于"道",而诸家论道,皆不以道为外在于现实世界的"理念"(如柏拉图意义上的 idea, eidos)或超然存在,而共许其蕴于寻常日用之中。

《周易·系辞上》云:"一阴一阳之谓道,继之者善也,成之者性也。仁者见之谓之仁,知者见之谓之知,百姓日用而不知,故君子之道鲜矣!显诸仁,藏诸用,鼓万物而不与圣人同忧,盛德大业至矣哉!"

《礼记·中庸》云:"君子之道费而隐。夫妇之愚,可以与知焉;及其至也,虽圣人亦有所不知焉。夫妇之不肖,可以能行焉;及其至也,虽圣人亦有所不能焉。天地之大也,人犹有所憾。故君子语大,天下莫能载焉;语小,天下莫能破焉……君子之道,造端乎夫妇;及其至也,察乎天地。"

综合《周易》《中庸》,大道运化于百姓日用而不知之际,显而藏,费而隐,不与圣人同忧,虽圣人有所不知、有所不能,以天地之大犹有未尽,而造端于寻常夫妇。

《老子》云:"道冲,而用之或不盈。渊兮,似万物之宗。挫其锐,解其纷,和其光,同其尘。"[①]"圣人常无心,以百姓心为心……圣人在天下,歙歙焉,为天下浑其心,百姓皆注其耳目,圣人皆孩之。"[②]"修之于身,其德乃真;修之于家,其德乃余;修之于乡,其德乃长;修之于邦,其德乃丰;修之于天下,其德乃普。故以身观身,以家观家,以乡观乡,以邦观邦,以天下观天下。吾何以知天下之然哉?以此。"[③]

用之不盈,挫锐解纷,和光同尘,此大道之用;圣人无心,以百姓心为心,歙歙为天下浑其心,此体道之验;修德于身,至于家、乡、邦、天下,以身观身,至于以天下观天下,此修道

[①] 《老子》第四章。
[②] 《老子》第四十九章。
[③] 《老子》第五十四章。

证道之阶梯。道之于天地万物,非凌驾其上的主宰或超然隔绝的旁观者,而是"长之育之,成之熟之,亭之毒之[①],养之覆之。生而不有,为而不恃,长而不宰"[②],"道之在天下,犹川谷之于江海"[③]。

《庄子》云:古之真人,"以刑为体,以礼为翼,以知为时,以德为循。以刑为体者,绰乎其杀也;以礼为翼者,所以行于世也;以知为时者,不得已于事也;以德为循者,言其与有足者至于丘也,而人真以为勤行者也"[④]。此言真人境界,不以世俗为累,从容于刑、礼、知、德诸世间法而得自在。

"东郭子问于庄子曰:'所谓道,恶乎在?'庄子曰:'无所不在。'东郭子曰:'期而后可。'庄子曰:'在蝼蚁。'曰:'何其下邪?''在稊稗。'曰:'何其愈下邪?''在瓦甓。'曰:'何其愈甚邪?'曰:'在屎溺。'"[⑤]此言大道平等周遍,无所不覆,于至渺小卑微者亦有大道存焉,堪为后世禅宗所倡"劈柴担水,无非妙道"之先声。

"独与天地精神往来,而不敖倪于万物。不谴是非,以与

---

① 通行本作"成之熟之"。王弼注:"亭谓品其形,毒谓成其质",通于"成之熟之"之义。
② 《老子》第十章。
③ 《老子》第三十二章。
④ 《庄子·大宗师》。
⑤ 《庄子·知北游》。

世俗处。"①此庄子自道也。独与天地精神往来,而不骄矜待物,不拘泥是非,与世俗相处而不碍逍遥,正可与"唯至人乃能游于世而不僻,顺人而不失己"②之义互参。

作为中国化佛教之圆成的禅宗,熔大乘佛教之"无生"义与中国传统之"生生"义于一炉,特别将庄子《逍遥游》之境界、《齐物论》之见地与卮言曼衍论道之妙旨③化为己用,呈现极高明圆融又极活泼生动的气象。《坛经》云:"不修即凡,一念修行,自身等佛。善知识,凡夫即佛,烦恼即菩提。前念迷即凡夫,后念悟即佛。前念著境即烦恼,后念离境即菩提。"④"佛法在世间,不离世间觉,离世觅菩提,恰如求兔角。"⑤"心平何劳持戒?行直何用修禅?恩则孝养父母,义则上下相怜。让则尊卑和睦,忍则众恶无喧。若能钻木取火,淤泥定生红莲。"⑥"心地含诸种,普雨悉皆萌。顿悟华情已,菩提果自成。"⑦佛法不离世法,心境即通佛境,众生于一念间觉悟自性,

---

① 《庄子·天下》。

② 《庄子·外物》。

③ 《庄子·天下》:"芴漠无形,变化无常,死与?生与?天地并与?神明往与?芒乎何之?忽乎何适?万物毕罗,莫足以归。古之道术有在于是者,庄周闻其风而悦之。以谬悠之说,荒唐之言,无端崖之辞,时恣纵而不傥,不奇见之也。以天下为沈浊,不可与庄语。以卮言为曼衍,以重言为真,以寓言为广"。

④ 《坛经·般若品》。

⑤ 同上。

⑥ 《坛经·决疑品》。

⑦ 《坛经·付嘱品》。

第二章 "四位一体"的中国与中国共产党

烦恼即化菩提,凡夫即成如来,此真"不二法门"也!

这一传统最伟大的现代转化形态,即中国共产党通过社会主义革命与建设的实践,提供了一种不依托寄望于超验之彼岸世界又超越世俗价值、能让亿万人民乐于接受的有意义的生活方式。它不取任何宗教之名相,却能对于有意义的生活何以可能、生命之终极意义何在之类的宗教性问题做出有效回应。这使得中国共产党能对于有意义的生活何以可能、生命之终极意义何在之类的问题做出有效回应。这一思想贡献形之于文字的最好代表,便是毛泽东所著的"老三篇"——《为人民服务》《愚公移山》《纪念白求恩》。作为一个整体,它们完美地融合了中国传统中儒家的乐天顺命、慎终追远、道家的与天争衡人定胜天、佛家的不尽有为不住无为之真义,直面生死而超越生死,不即日用亦不离日用,人皆可成圣,圣不异于人,真正实现了极高明而道中庸之类宗教而超越宗教的生命-生活意义开示。

(二)文明传承与先进性团体

中华文明根本特质在长达数千年的岁月中历种种考验得以维系,有赖于一个贯彻先觉教后觉、先进治后进之精神,融高度的原则性与灵活性于一炉,学习自新、行健不已的先进性团体,这一团体是中华文明的活生生的形态。

由于中华文明其体为儒释道三教和合,其用为儒法互补,故而从未形成事实上一家独尊的格局。儒家在历史上长期扮演主流意识形态的角色,是由于它相对于佛道两家,更注重世间法的维度,并具有极为独特的将整体社会关系落实于核心家庭(夫妇、父子),从核心家庭关系推衍出整体社会关系,将核心家庭价值扩展为整体社会价值的理念与功能,这是其在特定因缘下具有特有生命力进而跨越王朝兴替有效延续的最重要原因所在(核心家庭关系在整个农业时代能基本完整地保持存续)。

但儒家这种意识形态的主流地位,并不意味着其在整体文明架构中的独尊地位。

(1)儒家虽并非全无有关"性与天道"的论述(《周易》《中庸》是这方面极高明的代表),但在中国文明传统中,这类内容更多的是由佛道两家承担,并深刻地影响了儒家的自我意识。儒家内部的理学、气学、心学三宗皆颇于佛道两家思想有所借鉴,作为南宋以降儒家正统的理学,其得名便直接受到佛教华严宗"理法界""事法界""理事无碍法界"之说的砥砺刺激,心学被理学认为近于禅宗,气学明显受道家世界观的影响,而理学与心学乃至整体"宋学"又被清代以来的"汉学"视作近于释老。这说明,佛道两家思想不但在儒家之外对于中国民众的心理具有极重要的影响力,填补着儒家所相对欠缺的出世间法的维度,也极大地丰富了儒家的思想内涵,令其内在张力充分彰显,并显化于其内部思想流派的演化发展中,尽管这些深受其影响的派别常在修辞上以其激烈批判者的形态出现。

（2）汉宣帝曰："汉家自有制度，本以霸王道杂之，奈何纯任德教，用周政乎？"[①]这深刻地说明了儒家与法家在政治层面的复杂关系。谭嗣同在《仁学》中称"两千年之政，秦政也""两千年之学，荀学也"，固是出于对旧政、旧学之不满而做的激愤之言，但就其反映中国政学之传统非仅限于儒家而是包含大量的法家思想内涵（甚至可以说以儒为表、以法为里），则恰恰深有所见。

（3）中华民族"多元一体"的特征，决定了中华文明包含着由中央王朝为代表的文明区与各种少数民族为代表的文明区共同构成的张力结构，还多次出现过少数民族获取中央政权建立具有正统性的王朝统治的情况。在传统上并不以儒家思想为主导的少数民族地区（如蒙藏地区），类似藏传佛教这样的思想、信仰与政教体系，发挥着无可取代的重要作用，不能也不应被化约到儒家传统中。

中国文明的体用关系与根本特质，决定了作为其承载者的先进性团体，格局宏大，视野广阔，非囿于一时一地一家之言，更有外圆而内方、有大包容大器量亦有大原则大风骨、恪守原则又高度灵活善巧的自处与应物之道，中国文明绵延数千年而始终不绝、历种种艰难困苦而"其命维新"，实深与此有关。

---

① 《汉书·元帝纪》。

这种先进性团体的构成，与其思想资源之丰富复杂相应，同样不拘于某一特定的社会阶层。由于这一团体需要有特定的学养与对于社会事务的深度认知与干预能力，因而包含着大量儒家士大夫阶层的成员，以至于会产生将儒家士大夫阶层与先进性团体视为一体的错觉（这是许多同情中国的外国思想家，如伏尔泰，常犯的错误），但事实上，这一团体非但不拘于特定的阶层出身，也不以特定的阶层为旨归。孔子说："吾少也贱，故多能鄙事。"[①]庄子曾为漆园吏[②]。慧能本为樵夫，后出家为僧[③]。这些真正体现了《大学》所言"自天子以至于庶人"的广泛分布。

鲁迅在《中国人失掉自信力了吗？》一文中写道："我们从古以来，就有埋头苦干的人，有拼命硬干的人，有为民请命的人，有舍身求法的人，……虽是等于为帝王将相作家谱的所谓'正史'，也往往掩不住他们的光耀，这就是中国的脊梁。""他们有确信，不自欺。"这远比儒家士大夫阶层说，更适于作为对于这一先进性团体的描绘。

（三）中国共产党与先进性团体之现代转化

中国共产党作为无产阶级-工人阶级先锋队与中华民族先锋队的"双重先锋队"定位，正是传统中国的先进性团体在

---

① 《论语·子罕》。
② 《史记·老子韩非列传》。
③ 《坛经·行由品》。

现代境遇中的自我改造与新生。传统中国相对较弱的阶级社会特征所造成的组织生活匮乏与国家认同缺失,通过共产党所领导的带有强烈敌友意识的阶级斗争实践,实现了根本性的扭转。在中国这样一个农业生产方式居于绝对优势的东方国度,党员的主要构成也不是工人阶级的中国共产党,却体现出异乎寻常坚定强大的无产阶级-工人阶级先锋队的特质,并最终获得胜利。

中国共产党得以实现这种阶级意识由自在向自为之跨越的根本,在于通过毛泽东思想的指引,确立了党的主体性。主体性意味着,不只是将世界视作由一切既有事实构成的固定对象,更将其当作可以通过革命实践改造,并且自身也不断孕育着新鲜的革命性要素的变化主体。作为革命主体的中国共产党本身,其阶级属性也并非机械地由其党员构成之阶级成分决定,而在于通过思想政治建设于革命实践中塑造与成就的阶级意识。正因如此,中国共产党始终将思想政治建设视作党的建设之首要问题,无产阶级-工人阶级的阶级意识、觉悟、理想及主观能动性通过制度性的思想政治建设被不断地强化与突出,从而实现了对于非无产阶级出身党员的思想改造,使之达到无产阶级革命政党成员的要求,将其个体意识统一到党的路线方针之下,锻造出坚定的集体意识和党性品质。

这种思想建设的本质,即通过外在的思想政治教育促成个体内在思想意识乃至习气风格之深刻转化,通过思想改造,进行"自我革命",形成新的自我本质,并在此基础上建构新的共同体之"类本质",正如习近平同志所言,"勇于自我革命是中国共产党区别于其他政党的显著标志"。这使得中国共产党一方面极完整忠实地保持了列宁主义式政党的优秀品质,又实现了对产生于特定历史条件下的苏俄列宁主义式政党的超越:它既是具有高度组织纪律性和整合能力的无产阶级-工人阶级先锋队,又是对各个社会阶层保持开放、具有巨大的道义感召力、使其优秀分子获得归属成就感的中华民族先锋队。

中国共产党的双重先锋队身份及其思想建设在其党建过程中的优先地位,使其拥有相较于其他各种政党所极罕见的对于学习的持久热情和兴趣,通过向人民学习与向经典学习的有效实践,作为学习主体的党得以始终保持对现实问题的高度敏感和自我完善的勃勃生机。中国共产党的这种学习风格、实践与机制,既是马克思主义政党本质的体现,又是中国政治、教化、文明传统的延续与发扬。在此基础上的党建,既是作为中国革命与建设的领导核心的政治主体建设,又是作为中华道统之承继者的文明主体建设。在中国共产党领导下进行的革命建国实践,既是中华政治共同体的重构,同时又是中华文明的重建。引领指导中国共产党的这一伟大实践并赋予其鲜活灵魂的毛泽东思想,既是中国共产党人的集体智慧结晶,又是中国传统折中损益、与时偕行之真精神极高明而道中庸的时代化体现。

四、"人民国家"之"师生辩证法"实践者

(一) 人与人民

不同于人之生而为人的自然属性,人民概念所表达的,不是一种自然形成的生物类别,而是一种政治范畴。人民在本质上有别于孤立的人的复数形式,尽管人民确实包含着众多的人,正如人类社会本质上有别于兽群,尽管在兽群中也可以发现许多类似人类社会之组织形态的痕迹。生物意义上的人,是天然形成的,而政治性的人民,则必须通过特定的方式组织起来才能成就。只有当众多的人构成一种共同体,投身共同的事业,分享共同的理想,形成超越个人性的集体认同与集体意识,进而形成一种超越个人本质的"类本质",复数的人才能转化、升华为人民。亚里士多德认为"人类在本性上,也正是一个政治动物"(physei politikon zōon)①,即一种必须依托于城邦共同体(polis)生活并寻到自我价值的存在,这揭示出,人的本质在于成为共同体的一部分,即成为人民。

---

① 亚里士多德:《政治学》,吴寿彭译,商务印书馆,1983年,第7页。

人民有别于生物意义上的自然人，更不同于西方经济学意义上的"经济人"或"理性人"。要认识人民的本质，破除这种将人简化为理性人、将理性简化为工具理性乃至利益算计的迷信，根本在于要承认：（1）人的本质并不是恒常不变的，它总是与特定的社会历史条件相关并伴随社会历史情境的变化而呈现新的形态。（2）人的本质是极丰富复杂的，有着若干不同的维度，并始终包含着在不同维度间迁变跨越的可能。以自利为核心特征的"经济人"，只是人的本质中伴随着私有制的历史条件而生成的、在资本主义社会关系中极大强化的一个维度，这既非人本质的全部，很大程度上甚至很难被描述成人的专有特征。事实上，这种意义上的"经济人"更近于对人的动物性本能（如趋利避害、自我保全、欲望满足等）的描述，但人之为人，恰恰在于，除了作为欲望动物之外，还会提"人之所以异于禽兽者几希"这样的问题，还有超越动物本能的更高追求。即便是按照西方心理学中较为粗浅的马斯洛需求层次理论，"理性人"或"经济人"也只符合最低端的生理需要与安全需要，而无法有效满足这之上的情感与归属需要、尊重的需要，更谈不上自我实现的需要。

马克思主义的创始人将人的全面自由与解放确立为共产主义社会的基本特征，即让人从被资本所占有、使用、支配的物的异化地位中摆脱出来，将人作为人来对待和尊重，以人的全面发展为旨归统领经济、社会的发展。在此意义上的人，不是抽象的概念或孤立的个体，而始终是活生生的在生产、生活的实践中彼此关联、构成共同体的人民。这一意义上的以人为本，不但意味着社会所有制以全体人民共同所有的形式为基础，社会发展成果由全体人民共享，为人民服务成为最崇高的社会价值，也意味着不把人理解作某种具有恒常不变特质/属性的抽象体，而始终将人看作具备高度主观能动性的、以自我实践改造着世界及自身的实践主体，将人的本质通过其实践及在实践中形成的社会关系加以把握，将人民视作历史前进的根本动力，信任和尊重人民在创造历史的过程中创造新的自我本质的实践。

（二）人民主权与"新君主"

19世纪以来政治概念史上最值得重视的现象之一，便是民主逐渐取代共和-混合政体成为最具正当性、最有力的政体表征，或者说，是事实上的混合政体不得不以民主作为自己最核心的特征加以肯定和宣扬。这种深刻的转变，源于作为民主基础的"人民主权"理论的证成与普遍传播。

自16世纪以来，伴随着欧洲封建等级君主制向绝对君主制的转化，对应于绝对君权的绝对国家主权概念被建立起来。博丹在《国家六书》中将主权定义为"国家拥有的绝对且永久的权力"（I, 8），主权以对暴力的合法垄断作为自身合法性的基础，并构成一切法律之有效性的来源。作为主权者的君主，"是上帝在尘世的影子，藐视君主就是藐视上帝"（I,

10)。这种主权学说,一方面使得超越国家与宗教之分离状态的整体国家的正当性得以确立,一方面又仍在沿用神学的逻辑论证主权者的神圣性。

致力于完全重建政治统一性的霍布斯在《利维坦》中将主权描述为:处在"每一个人对每一个人的战争"①(bellum omnium in omnes)之自然状态的人类,出于对死亡的恐惧,通过签订契约将权利让渡给国家,通过对国家的服从来结束这种自然状态的产物。在此意义上成为主权者的君主-国家,其基础是全体社会成员所订立的契约,从而将主权的来源由神授替换为自然法意义上人民出于自我保全而进行的权利让渡。

作为这种契约论理论的延续与突破,卢梭做出了对于人民主权的确立具有决定性的论证:作为整体的人民不可能通过契约将权利转让某个外在于自我的强者——君主,恰恰相反,一种有效的社会契约意味着,每一成员将其自身及自身的一切权利转让给了整个的集体,在公意(volunté générale)的指引下,全体人民将作为个体的自我结合到一个道德与集体的共同体中,"而共同体就以这同一个行为获得了它的统一性、它的公共的大我、它的生命和它的意志。这一由全体个

---

① 霍布斯:《利维坦》,黎思复、黎廷弼译,杨昌裕校,商务印书馆,1986年,第94页。

人的结合所形成的公共人格,以前称为城邦,现在则称为共和国或政治体;当它是被动时,它的成员就称它为国家;当它是主动时,就称它为主权者;而以之和它的同类相比较时,则称它为政权。至于结合者,他们集体地就称为人民;个别地,作为主权权威的参与者,就叫做公民,作为国家法律的服从者,就叫做臣民"①。在此,作为主权者的人民与作为人民整体的主权者,作为主权者成员的个人和作为国家成员的公民,获得了逻辑的完满统一。

　　这一逻辑源于对于人类社会的契约论假设,又几乎同时超越了这一假设。尽管有足够多的研究表明,早期的人类社会并不存在一种这样的社会契约与权利转让,但人民主权论的有效性无需依托这种契约论:大规模的社会群众运动,特别是作为这类运动高峰的人民革命,构成了人民主权在现代世界中的真正基础,进而促使人民主权成为现代国家正当性的基础。国家主权从君主主权向人民主权的历史性转化,决定了民主相对于共和-混合政体具有无可比拟的道义与正当性的优先地位。这同时也意味着,在民主的名义下,现代政治必然呈现为真实与虚构、神话与反讽交错纠缠的复杂情态。

---

① 卢梭:《社会契约论》,何兆武译,商务印书馆,2003年,第21—22页,着重号是原文就有的。

作为整体现代政治思想的开端,马基雅维利致力于在其《君主论》中探讨一个能领导人民建立新国家的君主(principio)应具备哪些特质。与传统帝王术或权谋论之现代翻版的庸俗理解恰好相反,马基雅维利将那些在实践中一直被奉行而从不公开被承认的政治行为准则公开了出来,从而使得"那些不谙此道的人"与那些深知此道的政治人物在认识上变得平等了。如同葛兰西所深刻指出的,"那些不谙此道的人"正是当时的革命阶级即意大利"人民",这才是马基雅维利的《君主论》所真正要致献的主人公①。书中那个貌似纯粹只是理论抽象而不存在于现实中的新君主,正是必须克服对于政治的陌生恐惧、将自己从"不谙此道"之状态摆脱出来的人民。

作为整体的人民要让自己成功地上升为"君主",即能够自主命运行使主权的政治主体-主权者,必须学习作为"君主"进行统治与管理的技艺与知识,摆脱在以往漫长的历史过程中形成的一切与"主人翁"的地位不相匹配的、对被压迫奴役状态麻木不仁、习以为常甚而美化神圣化的思想、感情、意识、习气、礼俗。这种学习是长期的、艰苦的、极为困难的,因为它要求一种整全的新型人格的重建,要求一种将大破与

---

① 葛兰西:《马基雅维利与马克思》,李鹏程编:《葛兰西文选》,人民出版社,2008年,第119—121页。

大立有机融合的复杂工程。在此,一对矛盾浮现出来:作为这一学习过程的参与者,人民需要自己的教师;而人民本身作为一个整体,无法教育作为整体的自己。作为教育者的人民与作为被教育者的人民间需要一种有效的中介:它既源于人民,又高于人民,而始终属于人民、服从和服务于人民。这个中介,就是共产党。

(三)世界历史的"列宁时刻"与"颠倒的主奴辩证法"

在柏拉图的《理想国》与早期基督教的教义中,都有着在理想状态的共同体取消财产的私人占有,乃至取消体现这种私人占有关系的婚姻-家庭的主张,在此意义上常被视作社会主义-共产主义理论的先声前驱,但二者的理想社会依然包含着尊卑等差与支配关系,在《理想国》中居于最高地位进行统治的是哲人王,而在基督教中则是上帝。

无论是空想社会主义传统,还是苏俄的社会主义实践,均深受这两支传统的影响。正是在东正教这一最强烈地保留着信众对于宗教领袖之虔信遵从的宗教组织形态启发下,列宁主义式政党被创建起来:它具有高度的组织纪律性(钢铁一样的纪律始终是列宁主义政党最重要的形式特征)和高度的组织动员效能,它将东正教基于传教原则的基层教众—基层教会(以主教为核心)—各级高层教会(以高级主教、都主教、大主教为核心)—最高教会(以牧首为核心)的教会组织架构创造性地转化为基于党建原则的基层群众—基层党组织—各级党组织—党的中央委员会的政党组织架构,进而形成了下级服从上级、全党服从中央的政治原则。

从这一传统出发,还隐含着党的中央委员会服从党的最高领袖的意味。

当这种列宁主义式政党保持革命理想的时候,它可以非常迅速地发展壮大:党的任何一个基层组织,以类似于基层教会通过传教发展信众的方式争取群众,党员"既以理论家的身份,又以宣传员的身份,既以鼓动员的身份,又以组织者的身份'到居民的一切阶级中去'"[①],党员类似宗教圣徒般的深谋远虑、坚定信仰、高尚品质、为理想抛头颅洒热血的献身精神、不惜牺牲自己拯救人民的热诚意志,能够帮助党在群众中很快获得广泛的认同、信任与追随。

俄国共产党(及其前身社会民主工党)曾与民粹主义有过持久的斗争,列宁著作中有大量的与民粹派进行论辩的内容。相对于民粹派秉持的对于人民无条件服从、以人民为师的自然主义立场,列宁极其深刻地指出,人民自身无法作为一个有力量的整体对抗腐朽的制度,它需要由一个更强大的、更有组织的政党来加以领导。针对当时盛行的将经济斗争作为工人运动核心工作的"经济主义"倾向,列宁做出了一

---

① 列宁:《怎么办?(我们运动中的迫切问题)》,《列宁全集》第 6 卷,人民出版社,2017 年,第 79 页。

个至关重要的论断:"阶级政治意识**只能从外面**灌输给工人"①,而从外部来灌输这种阶级意识的只能是作为先锋队组织的列宁主义式政党,通过这样的阶级意识灌输过程,党"**把工人提高**为革命家,而决不是……把自己**降低**为'工人群众'"②。借助于党从外部将阶级意识赋予群众,无产阶级革命具备了可能性。

这一理论最核心的要义在于:无产阶级革命所依靠的根本不是尚处于"自发"状态的无产阶级,而是由"自为"的无产阶级先锋队政党从外部灌输-赋予其阶级意识,领导其进行革命。这一理论极高明地捕捉住了无产阶级的阶级存在与阶级意识的可分离性,从根本上回应并解决了资本主义尚未充分发展的国家与地区是否可以进行社会主义性质的革命和如何进行革命的问题。正是伴随着列宁这一伟大的理论发现与相应的建党实践,俄国历史乃至人类历史迎来了社会主义革命与建国的新纪元,它的源头可以被命名为"列宁时刻"。

"列宁时刻"包含着最富天才的对于时代精神(Zeitgeist)的把握,对无产阶级政党所孕育的主体性的洞察与弘扬。它使

---

① 列宁:《怎么办?(我们运动中的迫切问题)》,《列宁全集》第6卷,人民出版社,2017年,第76页,黑体是原文就有的。类似的论述还出现在第29页:"工人本来**也不可能有**社会民主主义的意识。这种意识只能从外面灌输进去"。

② 同上书,第124页,黑体是原文就有的。

得社会主义实践获得了前所未有的席卷全世界的现实性。它极大地改造和超越了其所植根的希腊-基督教传统,开启了属于自己的世界历史-世界文明史的时代。

与此同时,在它的核心处也保留着希腊-基督教传统的深刻印迹,这种文明道体内在的印迹也深刻地影响了它后来的命运。

即便在列宁主义式党与人民的关系最为紧密融洽的阶段,一种源自东正教、进而源自古希腊传统与基督教传统的根底处的不平等,一直顽固地横亘在二者之间。党和人民的关系始终是单向度的:党是人民的领导者、监督者、教育者,类似东正教会之于民众、牧首之于教徒。对党而言,只有到群众中去使之"提升",没有"降低"为普通群众的从群众中来的环节;只有党领导人民、监督人民、教育人民,没有党接受人民领导、监督、教育的环节。它对人民的感情,在最高尚无私的意义上,类似于神对凡人的圣爱(agapē),这同样是单向度的。

这种单向度的党群关系,本质上是一种颠倒了的"主奴辩证法":党作为觉悟了的"主人",主动放弃了对于"奴隶"即群众的统治地位,它拯救了人民,因而成为人民的依靠和救世主;它从外部灌输-赋予人民做主人的意识,因而比人民更高明更伟大。

建立在这种本质上即不平等的党群关系基础上的制度,特别需要依靠革命理想维系上下的共识。当苏共长期执政地位固化,对外又摆脱了特别严酷的斗争环境,党的革命热忱和革命理想逐渐退却,这种强调单方面的领导、支配、教育关系的制度,演变为缺乏人民主体参与的高度僵化的官僚统治模式。这种模式最终导致苏共的高层被西方和平演变后,党的集体无法有效应对组织自身瓦解的过程,而广大民众对于如此深刻影响自身命运的国家制度-社会结构剧变,自始至终只能扮演旁观者的角色。

(四) 中国共产党与"师生辩证法"

毛泽东思想对于以党建理论为核心的列宁主义最重要的继承和超越,就在于构建出了一套可以被概括为"师生辩证法"的党和人民互动的机制,其中既有从群众中来又有到群众中去;既有党领导人民进行斗争和建设,也有党接受人民的领导,服从人民的意志;既有党作为人民的老师教育引导群众,又有党作为群众的小学生向群众学习。这两个维度始终结合在一起,构成师生关系的辩证循环:人民在本质上有别于孤立个人的复数形式,就在于能够通过先锋队组织的教育、领导、组织,将自己本具的觉悟充分激发出来,形成坚强的主体性;而作为先锋队的共产党,其先进性正在于能将人民本具的觉悟充分地展现出来,通过教育人民而教育自己、通过向人民学习而指导人民学习。人民的主体性需要党的主体性加以激发,而党的主体性通过激发人民的主体性得以实现,二者是相互成就的。

这种平等与觉悟双运的党与人民的辩证关系,在毛泽东同志的《愚公移山》一文中有着最深切著明的表述:"我们宣传大会的路线,就是要使全党和全国人民建立起一个信心,即革命一定要胜利。首先要使先锋队觉悟,下定决心,不怕牺牲,排除万难,去争取胜利。但这还不够,还必须使全国广大人民群众觉悟,甘心情愿和我们一起奋斗,去争取胜利。要使全国人民有这样的信心:中国是中国人民的,不是反动派的。中国古代有个寓言,叫做'愚公移山'。说的是古代有一位老人,住在华北,名叫北山愚公。他的家门南面有两座大山挡住他家的出路,一座叫做太行山,一座叫做王屋山。愚公下决心率领他的儿子们要用锄头挖去这两座大山。有个老头子名叫智叟的看了发笑,说是你们这样干未免太愚蠢了,你们父子数人要挖掉这样两座大山是完全不可能的。愚公回答说:我死了以后有我的儿子,儿子死了,又有孙子,子子孙孙是没有穷尽的。这两座山虽然很高,却是不会再增高了,挖一点就会少一点,为什么挖不平呢?愚公批驳了智叟的错误思想,毫不动摇,每天挖山不止。这件事感动了上帝,他就派了两个神仙下凡,把两座山背走了。现在也有两座压在中国人民头上的大山,一座叫做帝国主义,一座叫做封建主义。中国共产党早就下了决心,要挖掉这两座山。我们一定要坚持下去,一定要不断地工作,我们也会感动上帝的。这个上帝不是别人,就是全中国的人民大众。全国人民大众一齐起来和我们一道挖这两座山,有什么挖不平呢?"①

如果说,苏俄列宁主义式政党是以类似于神对凡夫的"圣爱"态度对待人民,那么在以毛泽东为领袖的中国共产党那里,这一关系发生了根本性的改变:作为先锋队的共产党,就如同从事在智叟式的常人("理性人")看来不可能完成任务的"愚公",而这一任务实现的关键,就在于要感动人民大众所代表的"上帝",二者一起努力来实现目标。

感动"上帝",意味着以感同身受的方式打动乃至引动神圣而全能的力量;人民大众就是这个"上帝",意味着人民本身就是此世间一切神圣全能之力量的源泉;坚持下去感动人民所代表的"上帝",意味着要以共产党的觉悟引发人民的感同身受,激发人民本具的无上觉悟,以此觉悟所转化成就的神圣全能之力战胜一切艰难险阻,将革命进行到底。

西方文明的根底即在古希腊传统与基督教的结合,而黑格尔意义上的主奴辩证法是对于这种文明核心特征(或说道体)极深切高明的把握:彼此陌生的双方相遇后展开生死搏斗,胜利者成为主人,失败者成为奴隶,二者通过观照对方发现自我。这种以斗争形成的具有支配-压迫关系的身份认同,构成了主奴关系的核心。这一关系是辩证的,即主奴的

---

① 毛泽东:《愚公移山》,《毛泽东选集》第3卷,人民出版社,1991年,第1101—1102页。

身份是在相互斗争中形成、通过相互认同确立、因新的斗争而发生改变的,其中也包含着支配的一方主动放弃主人身份这种可能。

苏俄共产党的历史与实践,体现的正是主奴辩证法中极高的形式,即接受了革命理想和革命理论的知识精英主动放弃主人身份,领导原先作为奴隶的劳动人民进行革命、构造新型社会的新道路。这可以名之为颠倒的主奴辩证法。只是,这种颠倒的主奴关系依然有其相应的痕迹与作用,上下、尊卑、支配-受制、主导-依附这些主奴辩证法中衍生的范畴会继续顽强而深刻地影响新社会中人与人的关系。

在中国文明最深处,则遵循着一种根本与之不同的逻辑——"师生辩证法",这即是中国文明与西方文明道体意义上的差别。在这种互为师生、教学相长、学习共进的关系中,必然包含对人的本质(乃至作为人之共同体的类本质)的开放理解和超越性追求:不把人当作某种具有恒常不变特质/属性的抽象体,而始终将人看作具备高度主观能动性的、以自我实践改造着世界及自身的实践主体。在这种关系中,平等不离觉悟,觉悟终归平等,二者互摄互入,相即相融。

颠倒的主奴辩证法使苏联无论在国内还是国际事务中,都呈现出社会主义理想所本具的平等特质与生活—组织—

实践中无处不在的单向度垂直化支配关系的深刻矛盾：就国内而言，一方面是颇为完备的社会互助-保障体系和同志式的平等关系；另一方面则是高度僵化的官僚等级制度和相应的依附关系。在国际事务中，一方面有出于国际主义理想的对包括中国在内的各国共产党在筹建组织和初期工作过程中的指导帮助，对于新中国第一个五年计划的实施和现代工业体系建构更是提供了极宝贵的全面支持（涵盖资金、设备、技术、人员、国际交流等诸多维度）；另一方面，特别是针对处在其直接影响下的东欧国家和各国共产党组织，则习惯性地以领导者（"老子党"）自居，直接干预、介入乃至操控、决定这些国家与党派的命运，各国共产党之于它，就如同东正教会的各分支之于普世牧首，其中暴露的主奴辩证法之痕迹，甚至比其国内情况更为突出而恶劣。

体现师生辩证法逻辑的中国，就党的内部关系和党群关系而言，如同毛泽东同志提到的那样，其总原则是"团结、紧张、严肃、活泼"，这意味着中国共产党既是一个有着高度组织纪律性的列宁主义式政党，同时又是一个高度强调人民群众的主人翁地位、主体性，因而始终处在党和人民的有机互动、彼此互为领导、互为师生之不息循环中的超越苏俄共产党模式的新型政党。

这一逻辑同样贯穿于中国对外关系，坚持社会主义道路的中国，即便极强大了也不会以充任霸主为目标。这一不称霸的立场,并非如许多西方政界、学界人士所揣度的那样是因力量尚未充备而采取的权宜之计,而恰恰是中国道路的本质体现:主奴辩证法意义上支配-主宰关系(欺负、压迫、奴役、颐指气使的说教等)绝不是中国社会主义所追求者,体现社会主义与中国文明道体之结合的是师生辩证法,它不但可化为内部党群关系之实际,也可以体现于国际关系中。

师生关系的核心,"闻道有先后,术业有专攻,如是而已":师生的存在都不是天生、固化、一成不变的;老师是从学生成长起来的,学生未来也可以成为老师,师生二者始终是在比较平等的意义上进行教-学交流的。师生之间虽然平等,但又非无序无规,而是既有阶段性的主导-追随之别又包含超越这种关系之内在期待的有机统一。在初始阶段,作为学生的一方肯定主要需听从富于经验的老师的教导,当其将所学与自我经验有效结合并形成自己的独到见解时,则可以更平等更自信地与老师交流,自己也成为教育者。

落实在国际关系中,第一,尊重各国基于其历史与现实形成的道路选择应是长期坚持的原则,不搞传教式的带有强制性、排他性的理念或价值观输出,而是通过榜样垂范的影响和感召形成天下归心之势,所谓"修文德以来之""既来之,则安之";第二,现在已经有大量的第三世界国家政要来中国学习经验,未来会有包括西方国家在内的越来越多的国家和地区加入向中国学习的队伍,我们在此过程中,应始终坚持教育与学习相结合的原则,既传授自己所知也学习对方的经验,特别应坚持鼓励它们将在中国所学与其实际结合,形成新鲜的经验并与我们共享,共同探索更好的发展路径。禅宗所谓"见与师齐,减师半德""见过于师,方堪传授",老师真诚地期待学生超越自己而进行教授,是师生辩证法的真境界所在。

五、综论

中国共产党的自身建设,是作为中国革命与建设的领导核心的**政治主体**建设,是作为维系中华民族之为统一体的**国族主体**建设,是作为中华道统之承继者的**文明主体**建设,更是人民自己做自己的主人、管理国家也管理自己、进而通过管理自己来管理国家之伟大实践的**觉悟主体**建设。这是世界文明史上前所未有的伟大工程。

第三章 中国共产党与中国特色社会主义市场经济

在 2019 年庆祝新中国成立 70 周年后,我们又于 2021 年迎来了中国共产党建党 100 周年。正如习近平同志在庆祝中国共产党成立 100 周年大会上的讲话所指出的:"中国共产党领导是中国特色社会主义最本质的特征,是中国特色社会主义制度的最大优势,是党和国家的根本所在、命脉所在,是全国各族人民的利益所系、命运所系。"改革开放以来,中国共产党坚持不懈地推动中国经济制度变革,成功地实现了社会主义经济制度与市场经济的有机结合,建立了世界历史上前所未有的崭新的市场经济体制,极大地解放和发展了生产力,推动了中国经济的迅速发展。

中国共产党是当代中国制度变迁的政治领导力量,在社会主义初级阶段履行着全面领导经济工作的职能。为了深入理解党的性质及其经济作用,本章拟就以下几方面问题作进一步探讨:第一,如何从历史唯物主义角度理解中国共产党的使命性特质。1949年以前,毛泽东同志指出,评价中国一切政党好坏的标准,是看其能否解放中国人民的生产力,这里包含着对党的使命性特质的自觉表达;邓小平同志关于改革是第二次革命,习近平同志关于改革没有完成时只有进行时的论断,分别是在改革开放时期对党的使命性特质的进一步深入阐述。第二,从社会主义革命和建设时期到改革开放,党的使命性与党的代表性——即作为特定利益集团的代表——显示出特定的张力,应该如何理解这种张力及其再平衡。第三,如何认识中国特色社会主义市场经济中的经济与政治、市场与国家、经济基础与上层建筑的关系,在何种意义上习近平同志所说的"政治经济化"和"经济政治化"构成了社会主义市场经济的重要特征。第四,如何看待党及其意识形态在社会主义初级阶段经济制度变迁中的作用;党的领导作为根本制度与社会主义初级阶段的基本经济制度是什么关系。第五,在何种意义上中国特色社会主义理论具有政治哲学的品格,以及为何中国特色社会主义道路意味着"历史终结论"的终结。

一、有机生产方式变迁与使命型政党

1949年以前,毛泽东同志屡次指出,中国革命的根本任务,在于推翻妨碍生产力发展的力量,解放生产力。他说:"妨碍生产力发展的旧政治、旧军事力量不取消,生产力就不能解放,经济就不能发展。因此,第一个任务就是打倒妨碍生产力发展的旧政治、旧军事,而我们搞政治、军事仅仅是为着解放生产力。学过社会科学的同志都懂得这一条。最根本的问题是生产力向上发展的问题……政治、军事的力量,是为着推翻妨碍生产力发展的力量;推翻妨碍生产力发展的力量,目的是为着解放生产力,发展经济。"①"中国一切政党的政策及其实践在中国人民中所表现的作用的好坏、大小,归根到底,看它对于中国人民的生产力的发展是否有帮助及其帮助之大小,看它是束缚生产力的,还是解放生产力的。"②

改革开放以后,从邓小平同志到习近平同志,也以类似方式界定了改革的使命。邓小平同志指出:"改革是中国的第二次革命。"③所谓"第二次革命",是与新民主主义革命相参照而言的;作为又一场革命,改革同样具有毛泽东同志所描述的功能,即破除妨碍中国人民的生产力发展的力量。习近平同志发展了邓小平同志的思想,进一步提出"改革开放

---

① 毛泽东:《关于陕甘宁边区的文化教育问题》,《毛泽东文集》第3卷,人民出版社,1996年,第109页。
② 毛泽东:《我们的具体纲领》,《毛泽东选集》第3卷,人民出版社,1991年,第1079页。
③ 邓小平:《改革是中国的第二次革命》,《邓小平文选》第3卷,人民出版社,1993年,第113页。

只有进行时没有完成时"[1],这相当于宣布,在整个社会主义初级阶段,中国共产党的使命都在于破除一切妨碍生产力发展的力量。在此意义上,中国共产党是自觉承担了特定历史功能的使命型政党。要更为深入地理解这一点,我们需要发展一种制度变迁理论,以便由此出发,对党的使命性特质作进一步的分析。

依照历史唯物主义的观点,一种生产方式向另一种更先进生产方式的过渡,是以生产力的根本提高为先决条件的。生产力的这种决定性作用,常常被理解为一种时序上的或"事先"意义的因果作用,即生产力的改变必须居先,生产关系的改变要以生产力的变化为前提。对历史唯物主义的这种诠释,也被称作生产力一元决定论。然而,对生产力和生产关系的相互关系的这种理解,只能解释世界历史过程中那些直接符合必然性法则的变化,并不能解释特殊性或偶然性在其中发挥重大作用的制度变迁过程。在历史制度变迁中,事实上存在两条道路:一条是由生产力的根本改变为先导,继之以生产关系变迁的道路;另一条则是上层建筑发生改变,进而导致生产关系变革的道路。制度变迁的第二条道路有两种发展前景:一种是通过变革生产关系,最终变革了生

---

[1] 习近平:《改革开放只有进行时没有完成时》,《习近平谈治国理政》第1卷,外文出版社,2018年,第67—69页。

产力;另一种是,生产关系的变化仅仅造成了经济剩余的占有和支配方式的改变,并没有推动生产力的根本提高。从历史唯物主义的角度看,只有第一种前景证明,这种制度变迁并非历史上的岔路,而是最终实现了生产方式的整体跃迁。在这一跃迁过程中,生产力因素在"事后"发挥了决定性作用(或可称为生产力的结构因果性作用)。笔者将这种生产方式的整体性变迁,即不仅通过政治权力的变化改变了生产关系,而且最终促成了生产力水平的质的提高,称作"有机生产方式变迁"①。

在马克思主义思想史上,列宁明确意识到了上述问题。十月革命后,以考茨基等为代表的第二国际理论家借口俄国经济发展水平落后,试图从生产力一元决定论出发否定俄国革命的社会主义性质。列宁在《论我国革命》一文里对这些批评意见作出了回应,他写道:"世界历史发展的一般规律,不仅丝毫不排斥个别发展阶段在发展的形式上或顺序上表现出特殊性,反而是以此为前提的。""既然建立社会主义需要有一定的文化水平……我们为什么不能首先用革命手段取得达到这个一定水平的前提,**然后**在工农政权和苏维埃制

---

① 孟捷:《历史唯物论与马克思主义经济学》,社会科学文献出版社,2016年,第49—50页。

度的基础上赶上别国人民呢?"①

列宁的这个回应可称作"列宁晚年之问",其中包含两方面含义。第一,在列宁看来,世界历史同时是由特殊性和偶然性组成的,不仅包含一般性和必然性。十月革命成功地爆发在落后的俄国,体现了特殊性或偶然性因素的作用,换言之,十月革命所开辟的道路,属于制度变迁的第二条道路。第二,列宁同时也提出了制度变迁第二条道路与世界历史一般性法则之间的关系问题。通过上层建筑的革命造成的制度变迁,必须最终推动生产力和文化的根本进步,才能促成生产方式的整体性跃迁。正是基于这一考量,列宁在革命后的著作里反复强调,劳动生产率进步是新生的社会主义制度战胜资本主义的最关键因素②。列宁的这些思想,体现了他对前述有机生产方式变迁概念的自觉意识。

作为革命家,列宁在革命前已经提供了相应的理论,以解释俄国革命这一偶然性何以可能变为现实。我们把他的这些理论称作关于革命的特殊性或偶然性的理论,在这些理

---

① 列宁:《论我国革命(评尼·苏汉诺夫的札记)》,《列宁选集》第4卷,人民出版社,2012年,第776—777页。黑体字是原文就有的。

② 列宁指出:"劳动生产率,归根到底是使新社会制度取得胜利的最重要最主要的东西。资本主义创造了在农奴制度下所没有过的劳动生产率。资本主义可以被最终战胜,而且一定会被最终战胜,因为社会主义能创造新的高得多的劳动生产率。"(列宁:《伟大的创举(共产主义星期六义务劳动)》,《列宁选集》第4卷,人民出版社,2012年,第16页)

论中,列宁从主客观两个方面解释了在俄国这样一个落后国家发生社会主义革命的可行性。就客观方面而言,列宁在其帝国主义论的基础上指出,在第一次世界大战的背景下,俄国是帝国主义链条中最薄弱的环节;就主观方面而言,则有列宁在《怎么办?(我们运动中的迫切问题)》里提出的建党学说,其中包括先锋队党的理念以及工人群众阶级意识要从外部灌输的观点[①]。一个先锋队党在关键时刻的政治决断,就像一柄利斧砸碎了薄弱的链环。十月革命是在列宁关于革命的特殊性理论的指引下取得成功的,这个理论揭示了世界历史在特定条件下开启的时间窗口,使布尔什维克得以把握机遇改变历史。

类似地,毛泽东同志也为中国革命提出了一个特殊性理论。从其井冈山时期的著作,到全面抗战时期的《论持久战》,再到《新民主主义论》,可以清晰地看到这种理论的形成和发展。毛泽东同志最先是从回应下述问题开始的:在井冈山这样的地方搞工农武装割据,为什么是可能的? 他的回答是:第一,因为帝国主义阵营内部是分裂的;第二,帝国主义在中国的代理人,即所谓"买办豪绅阶级"也是分裂的,且有相互间持续的战争,因此中国共产党有可能开展工农武装割

---

① 列宁:《帝国主义是资本主义的最高阶段(通俗的论述)》,《列宁选集》第2卷,人民出版社,2012年;列宁:《怎么办?(我们运动中的迫切问题)》,《列宁选集》第1卷,人民出版社,2012年。

据,建立根据地,继而由农村包围城市①。从土地革命到全面抗战,这个战略判断不断得到应验,中国革命的力量得以持续发展壮大,最终完成了中国革命。

上述特殊性理论的成功运用,意味着俄国革命和中国革命所开启的是第二种含义的制度变迁道路,这一道路与所谓"跨越卡夫丁峡谷"是不同的。在与俄国民粹派的通信中,马克思曾经探讨了俄国是否可能不走资本主义道路,直接迈向社会主义的可能性,即所谓跨越资本主义的卡夫丁峡谷②。马克思的这一设想,是以当时欧洲先进国家同时爆发社会主义革命为前提的。马克思认为,在这种条件下,刚刚从农奴制摆脱出来的落后的俄国,就有可能利用西欧的先进生产力,直接走上社会主义道路。然而,俄国十月革命是在完全不同于马克思前述设想的条件下发生的。世界历史上第一个实行无产阶级专政的国家无法利用别国先进的生产力来帮助自己,反而面临着被帝国主义国家毁灭的危险。正如列宁在革命后指出的:"现在包围着我们这个经过多年磨难而贫穷不堪的苏维埃国家的,不是会利用自己高度发达的技术

---

① 毛泽东:《中国的红色政权为什么能够存在?》《星星之火,可以燎原》《井冈山的斗争》,《毛泽东选集》第1卷,人民出版社,1991年,第48—50页,第57页,第98—101页。

② 马克思:《给维·伊·查苏利奇的复信》[初稿],《马克思恩格斯全集》第25卷,人民出版社,2001年,第465页。

和工业来帮助我们的社会主义法国和社会主义英国。不是的！我们必须记住，现在它们的高度发达的技术和工业，全部都归反对我们的资本家所有。"①因此，将十月革命所开辟的道路等同于跨越卡夫丁峡谷，误解了十月革命道路的性质，严重贬低了列宁和俄国布尔什维克在社会主义发展史上的开创性贡献。至于中国，虽然在革命过程中乃至胜利后曾得到苏联的帮助，但要改变自己"一穷二白"的面貌，建设社会主义，最终也只能依靠自己的努力。中国的社会主义革命和建设，尤其是十一届三中全会以后形成的中国特色社会主义道路，也不同于马克思设想的"跨越卡夫丁峡谷"。

列宁和毛泽东同志的深刻之处在于，他们清楚地意识到，制度变迁的第二条道路，必须最终促成生产力的根本提高，也就是和制度变迁的第一条道路相结合才有意义。列宁晚年之问直接提出了这一问题。毛泽东同志则通过反思历史唯物主义，试图进一步从理论的高度回应这个问题。在《矛盾论》中，为了理解中国革命的历史作用，他重新认识了生产力和生产关系、经济基础和上层建筑的矛盾，正如他提出的，这两对范畴之间的关系，在特定条件下可以相互转化，具体而言，当着不变革生产关系就不能解放和发展生产力，

---

① 列宁：《新经济政策和政治教育委员会的任务（在全俄政治教育委员会第二次代表大会上的报告）》，《列宁选集》第4卷，人民出版社，2012年，第584页。

生产关系的变革就具有决定性意义;当着不变革上层基础就不能改变生产关系,上层建筑的变革就具有决定性意义[①]。这些论述一方面是对制度变迁第二条道路的明确提示,另一方面也指出了制度变迁第二条道路的意义最终在于解放和发展生产力。

1956年,我国基本完成了社会主义改造,建立了社会主义经济制度。社会主义公有制、计划经济和按劳分配成为新生的社会主义经济制度的基本特征。1956年初,苏共召开二十大,全盘否定了斯大林,对包括我国在内的社会主义阵营带来了深远影响。在此背景下,毛泽东同志提出,不能一切照搬苏联,"应该将马列主义的基本原理同社会主义革命和建设的具体实际结合起来,探索在我们国家里建设社会主义的道路了"[②]。在这一时期,毛泽东同志先后撰写了《论十大关系》《关于正确处理人民内部矛盾的问题》等论著,结合社会主义革命和建设的实际,针对社会主义政治经济学提出了一系列非常深刻的看法。毛泽东同志指出:"在社会主义社会中,基本的矛盾仍然是生产关系和生产力之间的矛盾,上层建筑和经济基础之间的矛盾。不过社会主义社会的这些矛盾,同旧社会的生产关系和生产力的矛盾、上层建筑和

---

① 毛泽东:《矛盾论》,《毛泽东选集》第1卷,人民出版社,1991年,第325—326页。

② 《毛泽东年谱》第5卷,中央文献出版社,2023年,第550页。

经济基础的矛盾,具有根本不同的性质和情况罢了。"①在此基础上,他进一步指出:在生产力和生产关系、经济基础和上层建筑的矛盾中,生产关系和上层建筑往往居于矛盾的主要方面②。毛泽东同志的上述观点进一步发展了《矛盾论》的思想,同时代表了社会主义政治经济学的一种理论转向,使之具备了制度经济学的品格,其特点是将社会主义社会的制度变迁,即不断调整生产关系和上层建筑,作为解放生产力、发展生产力的前提。在"文革"中,这种社会主义制度经济学思想浓缩为一句政治口号:"抓革命、促生产"。然而,在当时的背景下,只有"抓革命"成为时尚,"促生产"并没有得到落实。

改革开放以后,邓小平同志提出:"革命是要搞阶级斗争,但革命不只是搞阶级斗争。生产力方面的革命也是革命,而且是很重要的革命,从历史的发展来讲是最根本的革命。"③他还说:"计划经济不等于社会主义,资本主义也有计划;市场经济不等于资本主义,社会主义也有市场。计划和

---

① 毛泽东:《关于正确处理人民内部矛盾的问题》,《毛泽东文集》第7卷,人民出版社,1999年,第115页。
② 毛泽东:《读苏联〈政治经济学教科书〉的谈话(节选)》,《毛泽东文集》第8卷,人民出版社,1999年,第131—132页。
③ 邓小平:《社会主义首先要发展生产力》,《邓小平文选》第2卷,人民出版社,1994年,第311页。

市场都是经济手段。社会主义的本质,是解放生产力,发展生产力,消灭剥削,消除两极分化,最终达到共同富裕。"①在此基础上,邓小平同志得出了"改革是中国的第二次革命"的结论②。上述这些论断本质上也涉及两种制度变迁道路的关系,体现出与前人观点之间的连续性。与前人不同的是,邓小平同志指出,只有发展社会主义市场经济,才能实现解放生产力和发展生产力的任务,这就在理论认识的更高螺旋上沟通了制度变迁的两条路径,由此开创了中国特色社会主义的伟大道路。

从有机生产方式变迁的角度看,中国特色社会主义道路体现了制度变迁的特殊性和一般性、抑或偶然性和必然性这两重维度的有机结合,反映了制度变迁的第二条道路向第一条道路转化的客观要求。在这一转化中,中国共产党表现为促进有机生产方式变迁的政治领导力量,并通过这一作用界定了自身作为具有特定含义的使命型政党的特质。通过40多年来的改革开放,中国共产党带领全国人民成功地将社会主义经济制度与市场经济相结合,建立了社会主义市场经济,造就了中国经济的巨大发展,中国共产党作为使命型

---

① 邓小平:《在武昌、深圳、珠海、上海等地的谈话要点》,《邓小平文选》第3卷,人民出版社,1993年,第373页。

② 邓小平:《改革是中国的第二次革命》,《邓小平文选》第3卷,人民出版社,1993年,第113页。

政党的特质也得到了鲜明的体现。

在此还应进一步探讨如下问题:借助市场经济发展生产力,何以仍须坚持社会主义?资本主义生产方式在18世纪产业革命后的崛起和发展,虽然在解放和发展生产力方面取得了巨大成就,却从未证明自己是地球上合理而普适的制度。直至今天,依然存在着少数发达资本主义国家在经济和政治上主宰全球格局的局面。根据联合国贸易和发展会议提供的2019年数据(以不变价格计算),全球发达经济体以占世界13.80%的人口,在全球GDP中占据了58.24%的份额(GDP以2015年不变价格美元计算)。资本主义世界体系内部的这种不平衡发展,在马克思主义理论家卢森堡那里最先得到深入的分析。依照她的见解,发达资本主义宗主国必须仰仗前资本主义或非资本主义的市场,来实现本国生产的剩余价值,这一现象造成了一个悖论:一方面,只要资本主义经济还能顺利地再生产,它就不是地球上全面流行的普适的经济制度,因为它必须吸吮外部市场的营养;另一方面,一旦资本主义将自己普适化,资本积累就会因为剩余价值实现困难而崩溃[①]。卢森堡的理论在论证上尽管还有缺陷,但她正确地触及了一点,即发达资本主义是建立在剥夺性积累,

---

[①] 卢森堡:《资本积累论》,彭尘舜、吴纪先译,生活·读书·新知三联书店,1959年。

而不只是内源型积累(即单纯依靠本国生产的剩余价值进行积累)的基础上的。这一点不仅在她所处的时代是真实的,今天依然如此。发达资本主义国家尽管在意识形态上鼓吹资本主义市场经济是一种普适的经济制度,但其政治精英从来没有真正相信过这一点。这一事实从2019年以来中美之间的贸易争端和更广泛的地缘政治矛盾中格外刺眼地表现出来。

资本主义世界体系内部的不平等是一种结构性现象,它表明,尽管世界大多数国家实行资本主义制度,但这一制度不能自动带来繁荣和发展,从全球视野来看,它甚至可以说是失败的制度。根据联合国贸易和发展会议的数据,从1970年到2019年,发达国家与发展中国家(包含中国)以现价美元计算的人均GDP之比,从11.8下降到7.3,但如果剔除中国,该比率从9.6下降为9.58,几乎没有什么变化。中国特色社会主义一方面走出了一条落后国家发展生产力和实现工业化的成功道路,另一方面也拓展了市场经济的内涵,建设了一种前所未有的新型市场经济——中国特色社会主义市场经济,并为缩小全球南北差距作出了巨大贡献。在此意义上,中国特色社会主义不仅发展了中国,而且增进了市场经济的普适性,这是中国道路对世界文明的伟大贡献。

二、党的使命性和代表性

20世纪30年代,斯大林宣布苏联建成了社会主义制度,苏联型计划经济体制从此成为社会主义经济制度的范型。在发表于20世纪50年代的《苏联社会主义经济问题》一书里,斯大林试图提出一种经济理论,以描述这一制度的特点。此后出版的苏联《政治经济学教科书》,进一步贯彻了斯大林的思想,并以此为标志,形成了苏联范式政治经济学。

苏联政治经济学是与传统社会主义计划经济体制相适应的,它既是对当时经济实践的理论总结,也代表着一种新兴的意识形态,旨在回避这一体制内的矛盾,为这一体制辩护。在斯大林的理论中,一个最重要的观点涉及社会主义社会是否存在剩余劳动。斯大林提出:"我认为,也必须抛弃从马克思专门分析资本主义的《资本论》中取来而硬套在我国社会主义关系上的其他若干概念。我所指的概念包括'必要'劳动和'剩余'劳动、'必要'产品和'剩余'产品、'必要'时间和'剩余'时间这样一些概念。马克思分析资本主义,是为了说明工人阶级受剥削的泉源,即剩余价值。"①

---

① 斯大林:《苏联社会主义经济问题》,人民出版社,1961年,第13页。

斯大林否认剩余劳动的存在,是以假定现实存在的社会主义直接等同于马克思、恩格斯所描绘的共产主义为前提的。他的这一观点造成了如下后果:其一,由于否认剩余劳动的存在,对生产关系加以研究的必要性就被淡化乃至取消了,因为生产关系的实质,就是剩余的占有和支配关系。这样一来,社会主义政治经济学的研究对象就被窄化了。其二,这种观点实际上等于否认在社会主义社会还可能存在不适应、不表现生产力的生产关系,在此基础上,斯大林提出了他所谓的"社会主义基本经济规律",依照他的表述,这一规律是指"用在高度技术基础上使社会主义生产不断增长和完善的办法,来保证最大限度地满足整个社会经常增长的物质和文化的需要"①。在这里,最大限度保证"物质的和文化的需要"是目的,前述"办法"则是手段,这是一条关于手段和目的的相互关系的规律。正如中外学者一再指出的,依照这一表述,社会主义政治经济学就变成了关于生产力合理组织的科学,而不是真正意义的社会主义政治经济学。其三,斯大林界定的社会主义基本经济规律,暗中假设了社会主义生产关系是先进的,问题只在于落后的生产力。这种见解基本排除了生产关系的变革之于革命后社会主义社会的意义。

斯大林去世后,赫鲁晓夫在苏共二十大发表秘密报告,

---

① 斯大林:《苏联社会主义经济问题》,人民出版社,1961年,第31页。

激烈地批判斯大林。这一事件对中国和世界社会主义运动产生了巨大影响。毛泽东同志和中国共产党人自此开始了对苏联模式和苏联政治经济学的批判性反思,转而探索将马克思主义基本原理与中国社会主义建设的具体实际相结合的新路径。1956年,在中共中央政治局扩大会议上,毛泽东同志提出:"赫鲁晓夫这次揭了盖子,又捅了娄子。他破除了那种认为苏联、苏共和斯大林一切都是正确的迷信,有利于反对教条主义。不要再硬搬苏联的一切了,应该用自己的头脑思索了。应该把马列主义的基本原理同中国社会主义革命和建设的具体实际结合起来,探索在我们国家里建设社会主义的道路了。"[1]这一时期,在《论十大关系》《关于正确处理人民内部矛盾的问题》等论著里,毛泽东同志对社会主义政治经济学一系列问题提出了深刻见解,他的这些思考在方法论意义上标志着中国特色社会主义政治经济学的发端。

毛泽东同志的反思是围绕社会主义社会的基本矛盾而展开的。他提出:"社会主义社会,仍然存在着矛盾。否认存在矛盾就是否认唯物辩证法。斯大林的错误正证明了这一点。"[2]"在社会主义社会中,基本的矛盾仍然是生产关系和生产力之间的矛盾,上层建筑和经济基础之间的矛盾。不过社

---

[1] 《毛泽东年谱》第5卷,中央文献出版社,2023年,第550页。
[2] 同上书,第549页。

会主义社会的这些矛盾,同旧社会的生产关系和生产力的矛盾、上层建筑和经济基础的矛盾,具有根本不同的性质和情况罢了。"①重要的是,毛泽东同志还认为,在这些矛盾中,生产关系和上层建筑是矛盾的主要方面,如他所说:"将来全世界的帝国主义都打倒了,阶级没有了,那个时候还有生产关系同生产力的矛盾,上层建筑同经济基础的矛盾。生产关系搞得不对头,就要把它推翻。上层建筑(其中包括思想、舆论)要是保护人民不喜欢的那种生产关系,人民就要改革它。"②此外,毛泽东同志还不同意将生产关系片面地归于所有制,提出生产关系的变革事实上涉及"各种制度问题",如他所说:"解决生产关系问题,要解决生产的诸种关系,也就是各种制度问题,不单是要解决一个所有制问题。"③

在毛泽东同志看来,将生产关系、上层建筑的变革作为矛盾的主要方面,并不仅仅适用于革命后的社会主义社会,而具有某种一般意义。在阅读苏联《政治经济学教科书》时,他提出:"一切革命的历史都证明,并不是先有充分发展的新生产力,然后才改造落后的生产关系,而是要首先造成舆论,进行革命,夺取政权,才有可能消灭旧的生产关系。消灭了

---

① 毛泽东:《关于正确处理人民内部矛盾的问题》,《毛泽东文集》第7卷,人民出版社,1999年,第214页。
② 《毛泽东年谱》第6卷,中央文献出版社,2023年,第33页。
③ 《毛泽东年谱》第5卷,中央文献出版社,2023年,第529页。

旧的生产关系,确立了新的生产关系,这样就为新的生产力的发展开辟了道路。"在资本主义形成史上,为资本主义奠定生产力基础的工业革命,发生在资本主义生产关系确立之后,毛泽东就此写道:"当然,生产关系的革命,是生产力的一定发展所引起的。但是,生产力的大发展,总是在生产关系改变以后。""在英国,是资产阶级革命(十七世纪)以后,才进行工业革命(十八世纪末到十九世纪初)。法国、德国、美国、日本,都是经过不同的形式,改变了上层建筑、生产关系之后,资本主义工业才大大发展起来。"①

在这里,毛泽东同志结合资本主义起源问题,系统地反思了制度变迁的两条道路及其相互关系。以此为前提,毛泽东同志进而提出:"我们要以生产力和生产关系的平衡和不平衡,生产关系和上层建筑的平衡和不平衡,作为纲,来研究社会主义社会的经济问题。……生产力和生产关系之间、生产关系和上层建筑之间的矛盾和不平衡是绝对的。上层建筑适应生产关系,生产关系适应生产力,或者说它们之间达到平衡,总是相对的。"②在此,毛泽东同志不再如斯大林那样,假设社会主义生产关系天然具有先进性,相反,开始强调生产关系适应生产力仅仅具有相对性。这一态度意味着,在

---

① 毛泽东:《读苏联〈政治经济学教科书〉的谈话(节选)》,《毛泽东文集》第8卷,人民出版社,1999年,第132页。
② 同上书,第130—131页。

看待社会主义社会生产力和生产关系的相互关系时,毛泽东同志不是将相对落后的生产力看作矛盾的主要方面,而是反过来将生产关系作为矛盾的主要方面对待,从而将生产关系置于变革的首要位置。这样一来,毛泽东同志不仅在方法论意义上成为中国特色社会主义政治经济学的最早拓荒者,而且开启了现代马克思主义制度变迁理论的先河。

毛泽东同志的上述观点,同时包含着对斯大林提出的社会主义基本经济规律的批判。在"文革"时期出版的《社会主义政治经济学》(未定稿第二版讨论稿)里,就曾根据毛泽东同志的观点对社会主义基本经济规律作了不同于斯大林的表述,书中写道:"社会主义基本经济规律就包含这样的主要内容:**及时调整或变革生产关系和上层建筑**,不断提高技术水平,多快好省地发展社会主义生产,满足国家和人民不断增长的需要,为最终消灭阶级、实现共产主义创造物质条件。"[①]如前文所说,这种具有制度经济学性质的思想,概括地体现在当时流行的一句政治口号中,即"抓革命、促生产"。然而,在当时"左"的背景下,"抓革命"并没有真正带来"促生产"。张闻天同志在写于1973年的一篇文章里对这一现象提出了尖锐的批评:"有人说,抓革命保险,抓生产危险。这

[①] 社会主义政治经济学编写小组编:《社会主义政治经济学》(未定稿第二版讨论稿),上海人民出版社,1976年9月,上册,第127页。黑体字为引者添加。

正是把革命和生产对立起来的错误观点。"①"在无产阶级专政下,继续进行社会主义革命,归根到底,就是为了大幅度地提高生产力,发展社会主义经济。"②在1961年庐山会议的发言里,他还针对当时"左"倾的错误指出:"政治是经济的集中表现。……但如果政治不能集中表现经济,以全局来表现经济,那么政治就不能指导经济,为经济服务,或反而妨碍经济的发展。"③

从新民主主义时期到社会主义革命和建设时期,中国共产党在理论上一贯将自身作为使命型政党来看待,强调社会主义革命归根结底要服务于生产力的解放和发展。党对自身性质的这种界定,在历史上起到了一种纠错机制的作用,使得党有可能在极左路线干扰下拨乱反正,向使命型政党的属性回归。

中国共产党是推动有机生产方式变迁的政治领导力量,这是党的根本历史使命。在这一根本使命的基础上,派生出中国共产党在不同阶段的三重历史使命:其一,推动当代中国的国家形成;其二,带领中国人民在中国特色社会主义道

---

① 张闻天:《无产阶级专政下的政治和经济》,《张闻天选集》,人民出版社,1985年,第592页。

② 同上书,第590页。

③ 张闻天:《无产阶级专政下政治和经济关系问题提纲》,中共党史出版社,1995年,第140页。

路上实现中华民族伟大复兴,其具体表现是党的二十大报告里界定的中国式现代化;其三,引领中国并联合世界最终趋向天下大同,即实现共产主义①。在这三重使命的基础上,又进一步形成了党在当代中国制度变迁和社会主义市场经济中的具体作用或功能。

中国共产党一方面是在上述意义上的使命型政党,另一方面也是代表型政党,即代表特定社会集团或阶级的利益。在理论上对于政党的使命性和代表性的分疏,至少可以追溯到前意大利共产党总书记葛兰西。葛兰西提出,一方面,党的使命在于奠定新型国家,党自身是理性地、历史地为这一目的而缔造的,另一方面,党也是社会集团的表现形式,是社会集团的先进分子②。在中国共产党历史上,使命性和代表性之间始终存在着张力。前文引述的毛泽东同志关于政党作用的评判标准的论断,体现了新民主主义革命时期党对自身历史使命的自觉意识。大体而言,在新民主主义革命时期,党虽然也代表特定社会集团(工人和农民)的利益,但其

---

① 党的十九大报告指出:"中国共产党一经成立,就把实现共产主义作为党的最高理想和最终目标,义无反顾肩负起实现中华民族伟大复兴的历史使命,……我们党深刻认识到,实现中华民族伟大复兴,必须推翻压在中国人民头上的帝国主义、封建主义、官僚资本主义三座大山,实现民族独立、人民解放、国家统一、社会稳定。"

② 葛兰西:《狱中札记》,曹雷雨等译,河南大学出版社、重庆出版社,2016年,第111—112页,第114—115页。

使命性更为突出。在新中国成立前夕发表的《论人民民主专政》[①]里,毛泽东同志提出,新中国的政体是人民民主专政,而人民当中除了工人阶级、农民阶级、小资产阶级以外,还有民族资产阶级。自1957年直至"文革",党转而以阶级斗争为纲,主张对资产阶级全面专政,党的代表性功能逐渐居于主导地位。在"文革"时期,对代表性功能的片面强调,对所谓"政治挂帅"的热衷,与党的发展生产力的使命性功能处于冲突之中。这一冲突反映在张闻天同志在这一时期的著述里,他从一切政治必须着眼于发展生产力的角度,对当时流行的政治挂帅观念提出了尖锐的批判:"并不是任何政治都能'挂帅',而只有作为'经济的集中表现'的政治,即真正代表无产阶级和人民群众的根本的经济利益的政治,才能动员亿万人民群众行动起来。这又一次说明,把政治和经济对立起来,或使政治超越于经济甚至脱离经济的观点,是何等的错误。""在无产阶级专政下,继续进行社会主义革命,归根到底,就是为了大幅度地提高生产力,发展社会主义经济。"[②]

改革开放之后,党开始重新强调自己的使命性。2002年,党的十六大将"三个代表"重要思想确立为党的指导思想并载

[①] 《毛泽东选集》第4卷,人民出版社,1991年,第1475页。

[②] 张闻天:《无产阶级专政下的政治和经济》,《张闻天社会主义论稿》,中共党史出版社,1995年,第257—258页。

入党章,意味着党完成了改革开放以来在使命性和代表性之间的再平衡,促成了党以及国家在社会主义市场经济条件下的再形成①。这是因为:第一,"三个代表"重要思想重新界定了人民的概念,把社会主义市场经济中新出现的社会阶层纳入了人民的范围②,界定了"最广大人民的根本利益",将其与人民眼前的、局部的利益作了区分,以便论证面向社会主义市场经济的制度变革的历史正当性。第二,"三个代表"重要思想批判地检视了传统政治经济学中与社会主义市场经济不相适应的旧观点,尤其是关于剥削的看法,提出剥削不应简单地被看作对剩余价值和财产的私人占有,而要"看他们的财产是怎么得来的以及

---

① 江泽民同志2000年2月在广东考察工作时,首次对"三个代表"重要思想作了阐述:中国共产党始终代表中国先进生产力的发展要求,中国先进文化的前进方向,中国最广大人民的根本利益。并称其为立党之本、执政之基、力量之源。

② 党的十六大报告解释了人民在社会主义市场经济中的含义:"随着改革开放的深入和经济文化的发展,我国工人阶级队伍不断壮大,素质不断提高。包括知识分子在内的工人阶级,广大农民,始终是推动我国先进生产力发展和社会全面进步的根本力量。在社会变革中出现的民营科技企业的创业人员和技术人员、受聘于外资企业的管理技术人员、个体户、私营企业主、中介组织的从业人员、自由职业人员等社会阶层,都是中国特色社会主义事业的建设者。对为祖国富强贡献力量的社会各阶层人们都要团结,对他们的创业精神都要鼓励,对他们的合法权益都保护,对他们中的优秀分子都要表彰,努力形成全体人民各尽其能、各得其所而又和谐相处的局面。"

对财产怎么支配和使用"[1]，借此革新了党的意识形态，使之适应于发展社会主义市场经济的需要。借助上述改变，党再一次突出了自己的使命性特质，在理论和实践上回归了党所肩负的解放和发展生产力的历史使命。

三、政治经济化和经济政治化

政治权力和政治关系是推动当代中国经济制度变迁的决定性力量，同时在已经确立的社会主义市场经济体制中也发挥着重要的作用。要正确理解这一点，就必须以批判的眼光看待历史唯物主义的理论遗产，更新对生产力和生产关系、经济基础和上层建筑的关系的认识。所谓经济基础，并非仅仅是作为人与自然物质变换的物质生产领域的代名词，而且涵摄了这种物质生产赖以展开的社会关系，即与经济剩余的占有和使用直接相关的权力关系的总和。在世界历史

---

[1] 党的十六大报告提出："不能简单地把有没有财产、有多少财产当作判断人们政治上先进和落后的标准，而主要应该看他们的思想政治状况和现实表现，看他们的财产是怎么得来的以及对财产怎么支配和使用，看他们以自己的劳动对中国特色社会主义事业所作的贡献。"报告还提出："我们一定要适应实践的发展，以实践来检验一切，自觉地把思想认识从那些不合时宜的观念、做法和体制的束缚中解放出来，从对马克思主义的错误的和教条式的理解中解放出来，从主观主义和形而上学的桎梏中解放出来。"

上,诸如宗教、血族、政治等制度型式,都曾在不同历史时代承担过生产关系的功能,决定生产资料的归属和产品的分配,并因之构成了当时社会的经济基础的一部分。在此意义上,经济基础的范围在人类社会中事实上是变动不居的[①]。这个规律不仅适用于市场经济出现以前的各经济社会形态,在当代也是适用的。在社会主义市场经济中,国家具有两重性,一方面是政治制度或上层建筑,另一方面是经济制度或经济基础的一部分。社会主义市场经济中的经济与政治是相互嵌入、相互融合的。在其早年的文章里,习近平同志对此问题有深刻的认识,他提出,社会主义市场经济的特点,是"经济政治化"和"政治经济化"[②]。他还指出:"一个国家的政治制度决定于这个国家的经济社会基础,同时又反作用于这个国家的经济社会基础,乃至于起到决定性作用。在一个国家的各种制度中,政治制度处于关键环节。"[③]

经过40多年的改革开放,中国共产党带领中国人民成功地建立了中国特色社会主义市场经济。这是世界历史上一种崭新的市场经济体制。为了理解这种市场经济的特点,可以将工业革命以来的现代市场经济区分为三个类型,分别是市

[①] 参见孟捷:《历史唯物论与马克思主义经济学》,社会科学文献出版社,2016年。
[②] 习近平:《对社会主义市场经济的再认识》,《东南学术》2001年第4期。
[③] 《习近平著作选读》第1卷,人民出版社,2023年,第265页。

场经济1.0、2.0和3.0。市场经济1.0对应于18世纪工业革命后在英国出现的自由主义市场经济。二战结束后,伴随凯恩斯国家干预主义的流行,发达资本主义国家形成了市场经济2.0。中国特色社会主义市场经济则属于市场经济3.0。

做出上述类型学区分的主要依据是:第一,在不同类型市场经济中,经济和政治、市场和国家、基础和上层建筑的相互关系是有差异的;第二,掌握投资权力的经济当事人的种类也有差别。表3-1概括地表达了三种市场经济的差别:(1)依据经济和政治的关系这一标准,市场经济2.0和3.0与市场经济1.0有着明显差异:在前两种形态中,政治制度在不同程度上承担生产关系的功能,嵌入了经济结构,而在后一种形态中,经济和政治被看作截然两分的不同制度类型。(2)根据拥有经济权力的主要当事人这一标准,在市场经济1.0中,私人企业几乎是唯一的当事人;在市场经济2.0中,凯恩斯主义国家接管了一部分投资的职责,也成为经济当事人;在市场经济3.0中,两类不同所有制企业、竞争性地方政府和国家都是经济当事人。

表3-1 市场经济1.0、2.0和3.0的区别

	经济和政治的关系	市场经济中的当事人
市场经济1.0	相互分离	私人资本主义企业
市场经济2.0	相互嵌入	私人资本主义企业、凯恩斯主义国家
市场经济3.0	相互嵌入	两类所有制企业、社会主义政党-国家、竞争性地方政府

要强调的是,市场经济3.0虽然表现出与市场经济2.0的某些相似性,但同时也在根本上有别于后者。两者间的差异通过社会主义初级阶段基本经济制度得到了体现。第一,两者的经济基础不同。市场经济3.0建立在公有制为主体、多种所有制并存的基础上;而市场经济2.0主要以私有制为基础。相应地,两者的分配制度也不相同。第二,国家的性质不同。社会主义国家是人民民主专政的国家,中国共产党对经济工作担负着全面领导作用。依靠全过程人民民主和党的领导,社会主义国家有条件摆脱在资本主义各国常见的特定利益集团的干扰和限制,在国家经济治理中贯彻以人民为中心的根本立场,在发挥市场在资源配置中的决定性作用的同时,更好地发挥政府的作用,形成了社会主义市场经济的制度优势。

与这三种市场经济类型相对应的,是三种不同的经济学理论,即市场经济1.0理论、市场经济2.0理论和市场经济3.0理论。20世纪80年代以来形成的新古典宏观经济学,是市场经济1.0理论的当代代表。这一理论反对凯恩斯主义,通过各种具体学说,如理性预期理论、真实经济周期理论等,否定国家宏观调控的经济职能。此外,新制度经济学或新政治经济学,通过其中性国家假说,将国家的经济职能局限于降低交易费用、监督合同的实施等,也是市场经济1.0理论当代代表。市场经济2.0理论发端于李斯特和汉密尔顿的学说,由凯恩斯正式提出。在当代,新凯恩斯主义经济学、后凯恩斯主义经济学等流派是其当代代表。这一类理论通常强调现实经济属于不完全竞争市场,诸如投资这样重要的权力不能完全交托给私人,国家必须接过一部分投资的权力;在后发经济中,如果不能发挥国家的经济作用,将面临企业家职能稀缺、战略性基础设施落后以及知识生产不足等瓶颈。

党的领导是社会主义初级阶段的根本领导制度,以此为前提,在改革开放进程中逐步确立了社会主义初级阶段基本经济制度。社会主义初级阶段基本经济制度是一个有机整体,其中内在地包含着两重意义的结合,根据图3-1的排列方向,可以分别称之为纵向结合和横向结合。

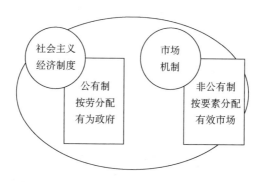

图3-1 社会主义初级阶段基本经济制度所包含的两重结合

首先,纵向结合指的是,基本经济制度是由所有制、分配关系和社会主义市场经济体制共同组成的整体。在概念上,所有制和分配关系属于生产关系;社会主义市场经济体制则指的是资源配置方式(亦可称为社会劳动组织方式或经济协调方式)。因此,这三者的结合也可看作资源配置方式和生产关系的结合。在这种结合中,一方面,生产关系尤其是所有制关系是具有决定性的因素,以公有制为主体、多种所有制经济共同发展,决定了资源配置方式的总体性质;另一方面,资源配置方式的变化也会影响生产关系的实现形式。

其次,基本经济制度的每一项内容都具有下述二元结构:公有制与非公有制、按劳分配与按要素分配、有为政府与有效市场。如果我们像图3-1那样,把左边的三项(公有制、按劳分配、有为政府)放在一起,把右边的三项(非公有制、按要素分配、有效市场)放在一起,就会发现,左边三项构成了社会主义经济制度,而右边三项可视为市场调节一般机制。这意味着,基本经济制度还包含着一种横向结合,也就是社会主义经济制度与市场机制的结合。在这种结合中,前者体现的是社会主义的特殊性,后者体现的是市场经济的一般性。社会主义初级阶段基本经济制度是特殊性和一般性的结合。经过这种结合,社会主义经济制度和市场机制都发生了某种变化,这体现在:第一,社会主义公有制确立了与市场经济相适应的新的实现形式,并在此基础上形成了以国家发展规划、宏观调控、产业政策等为主要方式和手段的社会主义国家经济治理。第二,市场机制也不再建立在纯粹私有制的基础上,而与公有制实现了兼容。与新旧自由主义经济学的理解不同,市场不是与国家截然两分的另一种制度,伴随国有企业转变为自主经营、自负盈亏的主体,国家作为全民所有制生产关系的内在环节必然"嵌入"市场,不仅在市场外部,也在市场内部发挥作用。第三,社会主义初级阶段基本经济制度所包含的横向结合,是市场机制和国家经济治理作为两种资源配置方式或经济协调方式的结合。在这种结合中,国家经济治理不仅是对市场机制的补充,而且要贯彻社会主义生产目的,促进社会主义生产关系的再生产[①]。

四、党及其意识形态的经济作用

党的十一届三中全会的公报指出:"实现四个现代化,要求大幅度地提高生产力,也就必然要求多方面地改变同生产力发展不适应的生产关系和上层建筑"。党的十六大报告指出:"发展必须坚持以经济建设为中心,立足中国现实,顺应时代潮流,不断开拓促进先进生产力和先进文化发展的新途

---

① 这里刻意采用了国家而不是政府的概念,这是因为:第一,在政治学里,政府只是国家的行政部门,不能代替整个国家。在现代市场经济中,国家的立法和司法部门也具有重要的经济作用。第二,尽管在中国的语境中,政府有所谓"大政府"的意味,即在行政部门之外还可涵摄立法、司法部门,但毕竟不能将党也包含进来。中国的国家形态具有特殊性,党对整个国家机器有领导作用,即形成了我们所称的社会主义政党-国家。

径。发展必须坚持和深化改革。一切妨碍发展的思想观念都要坚决冲破，一切束缚发展的做法和规定都要坚决改变，一切影响发展的体制弊端都要坚决革除。"①通过改革推动制度的"创造性毁灭"，以解放和发展生产力，这是从中国共产党的使命性特质中衍生出来的党的作用，也是党的最为根本的经济作用，党的其他经济作用是由此派生而来的。习近平同志关于"改革开放只有进行时没有完成时"的论断，其实质是将党自觉推动的制度变迁，即改革，作为社会主义初级阶段的基本规律来看待。然而，制度的创造性毁灭是以社会主义制度业已确立为前提的，党不仅要造成制度的创造性毁灭，以解放和发展生产力，而且要保证制度变迁的路径和方向具有社会主义的性质。

习近平同志在 2017 年中央经济工作会议上曾提出，"坚持加强党对经济工作的集中统一领导"。在这里，党的集中统一领导是作为社会主义国家的根本制度来看待的②。这种

---

① 《改革开放三十年重要文献选编》(上册)，人民出版社，2008 年，第 15 页；《江泽民文选》第 3 卷，人民出版社，2006 年，第 539 页。

② 习近平同志指出："中国特色社会主义最本质的特征是中国共产党领导，中国特色社会主义制度的最大优势是中国共产党领导。"(《习近平著作选读》第 2 卷，人民出版社，2023 年，第 183 页)习近平同志提出："中国特色社会主义制度是一个严密完整的科学制度体系，起四梁八柱作用的是根本制度、基本制度、重要制度，其中具有统领地位的是党的领导制度。党的领导制度是我国的根本领导制度。"(《习近平著作选读》第 2 卷，人民出版社，2023 年，第 284 页)

根本领导制度并不只是一种政治制度,就像国家或政府权力只要承担了生产关系功能,就嵌入经济结构,成为经济基础的一部分一样,党对经济工作的集中统一领导意味着党也会执行生产关系的职能,并因此而嵌入经济,成为一种经济制度。

将党作为一种经济制度,不是改革开放之初就设计完备的,而是在40多年来的实践中摸索形成的。在改革开放之初还有相反的做法,如20世纪80年代提倡的党政分开,试图将党的政治领导与具体业务领导严格区分,但这些实践距离后来形成的社会主义市场经济体制相去甚远。党的十九大报告和《中国共产党章程》里都提到:"党政军民学,东西南北中,党是领导一切的。"习近平同志还指出:"加强党对经济工作的领导,全面提高党领导经济工作水平,是坚持民主集中制的必然要求,也是我们政治制度的优势。党是总揽全局、协调各方的,经济工作是中心工作,党的领导当然要在中心工作中得到充分体现,抓住了中心工作这个'牛鼻子',其他工作就可以更好展开。"①这是对中国特色社会主义实践经验的准确概括。

党的领导作为根本制度,其经济作用可以从两个方面来考察,首先是实体化的方面,这指的是党通过国家机器发挥

---

① 《习近平著作选读》第1卷,人民出版社,2023年,第188页。

"总揽全局、协调四方"的作用。党和国家机器具有同构性，党的组织与国家机构是交叉重叠的，具有类似的科层及其合理化特点。党与国家机器的结合，便于党贯彻其在方向性、全局性和战略性问题上的政治领导作用，没有这种结合，就无法实现党的领导。但是这种结合也有其弊端，葛兰西曾经谈到这一点，他指出，政党可以履行管治的职能（中译文误译为"警察职能"），即维持特定的政治和法律秩序的职能，"如果党是进步的，它就会'民主地'（按照民主集中制）行使职能；如果是倒退的，它就会'官僚地'（在官僚集中制的意义上）行使职能。在第二种情况下，党就成了一个没有头脑的纯粹执行者；它就是一个技术意义上的管治组织，而它的'政党'名称则成了纯神话的比喻"。在这里，葛兰西提出了政党为官僚所同化，失去其政治自主性和政治理念的问题[①]。

党的经济作用除了上述实体化的方面外，还有非实体化的方面，这指的是党的意识形态（包括党的基本价值）的经济作用。值得强调的是，党的这一方面作用是将党和国家在经济中的作用相对区分开来的重要因素。早在井冈山时期，毛泽东同志在谈到党和政府的关系时提出："党的主张办法，除

[①] 葛兰西：《狱中札记》，此处引用了该书的中文节译本《现代君主论》的译文，陈越译，上海人民出版社，2006年，第34页。

宣传外,执行的时候必须通过政府的组织。"①这里事实上指出了开展意识形态工作是政府之外专属于党的职能。葛兰西曾强调,意识形态可以将利益关系解释为大众所接受的常识,以维护特定阶级的领导权。此外,意识形态作为经济结构中的观念因素,还可以在制度变迁中作为生产关系的构成性原则起作用。这些特点解释了经济学话语或经济意识形态何以具有如此的重要性,因为一旦改变经济意识形态,就会削弱或增强相关阶级的领导权,同时也有可能改变经济结构的性质及其演化的方向。意识形态或理论方面的斗争是党在经济和政治这两条战线之外的第三条战线的斗争②。

在《资本论》里,马克思对资本主义生产当事人的日常观念及其作用作了系统的考察。这些观念形式,如成本、利润率、利润、工资、利息、地租等,作为资本主义生产当事人头脑里的主观意识形式,指引着这些当事人的行为,并通过这些行为的社会综合形成了具有客观效力的经济关系和经济规律。与此同时,鉴于这些观念因素遮蔽了剩余价值的起源,服务于资产阶级的利益,又成为经济意识形态。这些观念因素或经济意识形态,参与缔结了生产关系,是经济基础中的

---

① 毛泽东:《井冈山的斗争》,《毛泽东选集》第1卷,人民出版社,1991年,第73页。
② 恩格斯:《〈德国农民战争〉序言》,《马克思恩格斯选集》第3卷,人民出版社,2012年,第37页。

存在要素,而不应作为意识形态上层建筑来理解。在此意义上,经济意识形态,包括那些由远离日常实践的资产阶级理论家提出、但在实际经济生活中发生影响的经济意识形态,在经济制度的型构和变迁中均具有超出一般想象的重要作用。

上述观念因素作为资本主义经济当事人利益的直接表达,虽然引导着这些当事人在资本主义经济的大机构中执行必要的职能,但同时也限制了这些当事人的眼界和行为,使其难以在制度变迁中发挥积极的创造性作用。列宁在《怎么办?(我们运动中的迫切问题)》中曾针对工人的日常意识指出,工人阶级的自发意识只能造成工联主义,这使得工人局限在经济斗争的藩篱内,无法胜任推翻资本主义制度的任务,要改变这一切,需要从外部向工人阶级灌输阶级意识[①]。新制度经济学的代表人物诺思通过借鉴马克思主义意识形态理论,在新古典经济学框架内强调了意识形态的重要性。他认为,意识形态有助于解决个人因追求利益最大化而造成的"搭便车"问题,如他所说:"最为重要的是,任何一种成功的意识形态必须克服'搭便车'问题。其基本目的在于促进一些团体在行为上与简单的、享乐主义的、个人的成本收益

---

① 列宁:《怎么办?(我们运动中的迫切问题)》,《列宁选集》第 1 卷,人民出版社,2012 年。

计算反其道而行之。这是各种主要意识形态的核心任务,因为无论是维持现有的秩序,还是推翻现存的秩序,都不可能离开这种行为。"① 诺思的这些见解含有合理的因素。

在社会主义初级阶段,党的理论、路线、方针、政策所代表的经济意识形态同样是经济基础中的存在要素,它们作为生产关系的建构性原则,有助于帮助经济当事人超越个别利益,参与集体利益、集体目标和集体意志的形成过程。而集体利益、集体目标、集体意志的达成,不仅是推动制度变迁的前提,而且是国家经济治理以及"集中力量办大事"这一社会主义最大制度优势赖以存在的基础。与自由主义设想的纯粹私人资本主义市场经济不同,社会主义市场经济是将两种不同的资源配置和经济协调方式有机结合在一起的经济体制,一方面是市场竞争和价格机制,另一方面是多层次、多维度的国家经济治理。国家经济治理一方面以正确认识和运用经济规律为前提,另一方面取决于集体利益、集体目标、集体意志的形成,从而最终依赖于社会主义意识形态的作用。在社会主义市场经济中,通过人的正确认识和运用,让客观经济规律服务于集体利益和集体目标,较之资本主义市场经济是更为普遍的制度现象。长期以来,新旧自由主义经济学

---

① North, D.C., *The Structure and Change in Economic History*, London and New York: W.W. Norton & Company, 1981, p. 53.

试图批判国家的经济作用,鼓吹"看不见的手"即竞争和价格机制是市场经济唯一可能的协调方式,其理论前提就在于否认对规律的正确认识和运用的可能性,否认集体目标、集体利益事先存在的可能性。"看不见的手"原理实质上宣布,资本主义市场经济在总体上是不透明、不可知的;在整个经济过程内部,经济人是合理性的孤岛,集体利益和集体目标是不可能事先达成的,国家由于无知不具有干预经济的任何正当性。

在社会主义初级阶段,党的意识形态之所以能成为缔结生产关系的建构性原则,一个重要原因在于这些建构性原则符合现代市场经济自身演化和发展的需要。例如,坚持做大做强国有经济,更好地发挥政府的作用,便属于党的意识形态中最有代表性的内容,同时也是被上升到政治原则高度的实际方针和政策。然而,在市场经济中引入国有部门和经济计划,最早来自发达资本主义国家的实践。要理解这一现象,就需要深入认识现代市场经济的特性及其内在矛盾。现代市场经济是由多部门(或多个市场)组成的整体,每一部门或市场服从各自不同的规律,具有各自不同的内在矛盾。为了说明问题,我们可以将现代市场经济看作至少由三个市场组成的整体。第一是普通产品市场,马克思曾利用社会生产两大部类所构成的再生产表式描绘了这一市场的均衡条件。在这个市场上,存在着剩余价值生产和剩余价值实现的矛盾。马克思对这一矛盾的分析,经过卡莱茨基的中介,为凯恩斯所采纳,后者用另一套话语对此矛盾做了新的表述,即将其称作产品市场的有效需求不足。和马克思不同的是,凯恩斯不仅对此矛盾做病理学诊断,而且要为其疗救开具药方。凯恩斯提出,在投资权力完全由私人主导的市场经济中(即市场经济1.0),有效需求不足是不可避免的,因而必须由社会接管一部分投资权力,以克服有效需求不足的弊端。第二种市场是由战略性基础性部门构成的市场。战略性基础性部门对于推动经济增长发挥着基础性作用,对于实现国家的雄心起着战略性作用。这一市场往往也是各种"生产的条件"的市场。在这个市场上,由于投资规模过大,收益高度不确定,且投资结果缺乏可独占性等因素,若听任私人资本运作,将难以得到发展。第三种市场是金融资产市场,这一市场的形成和发展和普通产品市场的矛盾紧密相关。因为有效需求不足,资本过剩,所以迫切地需要在金融资产市场寻找投资机会。在发达资本主义经济中,这一矛盾带来了资本积累的金融化,并使得金融资产市场的发展和实体经济日益脱离。在金融资产市场上,泡沫的形成和发展是市场繁荣的条件。在以美国为代表的发达资本主义经济中,金融垄断资本和国家相结合,利用制度权力创造出大卫·哈维所说的阶级-垄断租金,以吸引资本加入金融资产泡沫的游戏。金融化的发展以及由此带来的日益频仍的金融危机,是现代市场经济所面临的第三重矛盾。在上述情况下,要保持市场经济的健康稳定发展,国家在所有市场的干预和介入就变得不可或缺。社会主义市场经济将公有制和市场经济相结合,不仅体现了社会主义意识形态的内在诉求,而且合乎现代市场经济自身发展的规律。坚持公有制经济为主导这一传统社会主义意识形态在此获得了新的生命力,并成功地转化为社会主义市场经济的制度优势。

值得注意的是,国家机器或科层往往不能自动地产生社会主义意识形态,在这种情况下,这些意识形态就需要从外部加以灌输。党的意识形态,作为社会主义政党-国家的主观方面,一方面是将党的作用和国家的作用相对区别开来的重要因素,另一方面也是党得以保持其政治自主性的关键所系。这种政治自主性,即党不为资本所俘获,也不为官僚所俘获,是党保持其先进性和最广泛代表性的前提。改革开放以来,中国共产党坚持"以人民为中心"的根本立场,不断推进党的"自我革命",将共同富裕作为社会主义市场经济的正义原则,从根本上决定了当代中国经济制度变迁的性质和方向。

党及其意识形态的经济作用,在社会主义初级阶段基本经济制度中得到了落实。基本经济制度的形成和发展,是党的领导这一根本制度在社会主义市场经济中的具体表现。如前文所说,在基本经济制度的三项构成中,每一项都带有二元特征:公有制和非公有制,按劳分配和按要素分配,有为政府和有效市场。基本经济制度内在地具有的横向结合，展现了社会主义初级阶段作为通往共产主义的过渡阶段所具有的特点：一方面，公有制、按劳分配、更好发挥政府作用，体现了党的基本价值，规定了制度变迁的性质和方向；另一方面，非公有制、按要素分配、市场的决定性作用，尊重了客观经济规律和广大群众的首创精神。通过社会主义基本经济制度的构造，党自身也嵌入了社会主义市场经济的经济结构，成为基础的一部分。总之，这是切合社会主义初级阶段实际的合理制度安排，是在中国特色社会主义道路上的伟大创造。

五、中国特色社会主义和"历史终结论"的终结

邓小平同志将改革视为第二次革命，以及习近平同志进一步提出的改革开放只有进行时没有完成时，是中国特色社会主义理论中最具政治哲学品格的部分，可以和冷战后流行于美国和西方世界的"历史终结论"并列，作为当代世界两种代表性意识形态来看待。冷战结束以后，美西方沉醉于"历史终结论"，认为自由市场经济，也就是新自由主义所理解的市场经济，是人类经济组织的唯一合理形态，这是"历史终结论"的经济学含义。

第三章　中国共产党与中国特色社会主义市场经济

新古典经济学基于完全竞争市场而提出的一般均衡论，是"历史终结论"的经济学支柱。许多人在学习新古典微观经济学的时候，通常忽略了这个理论还有"副产品"，即在一般均衡论中蕴含有"历史终结论"这个结论。完全竞争市场的一般均衡论通常被用于论证市场经济在资源配置上的静态效率，并被视作所谓"参照系"理论。自新制度经济学（或新古典制度经济学）产生以来，这种参照系理论就被视作一种规范、一种理想状态，它描述了一个没有任何内在矛盾的市场机制，并与现实经济作了区分。现实经济运行因受历史制度因素的干扰，通常不会与这个参照系完全吻合。这样一来，通过将参照系与现实经济相区分，新古典经济学就有可能将资本主义所面临的一切矛盾或危机，看作与市场经济的核心机制无关，而是由历史制度因素尤其是国家干预所造成的后果。新古典经济学树立这样一种参照系理论，本质上服从于政治的目的，即为资本主义的生存辩护[①]。

冷战后流行的"历史终结论"并不是一个新现象，在每一次人类伟大的历史斗争结束以后，类似理论其实都会出现。

[①] 然而，新古典经济学的这一立场同时也意味着，基于完全竞争市场的一般均衡论在现实中是无法被证伪的。依照科学哲学家波普尔的观点：任何一种无法被证伪的理论都不可能是科学，而是神学。新古典经济学事实上就是一种经济神学。参见卡尔·波普尔：《科学知识进化论：波普尔科学哲学选集》，纪树立编译，生活·读书·新知三联书店，1987年，第28页。

例如，在马克思所处的时代，具体而言是在1848年革命以后，当资产阶级在欧洲取得了全面胜利，就出现过"历史终结论"。在《1857—1858年经济学手稿》里，马克思对当时出现的"历史终结论"有过如下评论："断言自由竞争等于生产力发展的终极形式，因而也是人类自由的终极形式，这无非是说中产阶级（即资产阶级——引者注）的统治就是世界历史的终结——对前天的暴发户来说这当然是一个愉快的想法。"[①]二战结束后，"历史终结论"被再度提出，一位叫盖伦的哲学家试图将二战后人类的意识形态状况视作历史的终点，他写道："就思想史而言，人类已经没有什么新东西可期望了，而是只需在已有的伟大指导思想的范围内安排自己的一切就可以了。"马克思主义者卢卡奇批判了这种论调，他写道："这里，对资本主义全面控制的绝对完美性与绝对终极性所作的美化和颂扬，真是达到淋漓尽致和无以复加的地步了。"[②]伴随苏东剧变和冷战的结束，"历史终结论"获得了空前的流行机会。然而历史当然不会终结，人类的经济组织永远不会达到一个理想的状态，对未来的探索会永远持续下去。

与"历史终结论"相对照，中国特色社会主义理论则宣布，改革作为一场社会革命永远没有终结，也不可能终结。中国

---

① 《马克思恩格斯全集》第46卷下册，人民出版社，1980年，第161页。
② 卢卡奇：《关于社会存在的本体论》下卷，白锡堃、张西平、李秋零等译，重庆出版社，1993年，第905页。

特色社会主义理论的这种政治哲学品格,在思想史系谱上可以一直追溯到马克思的不断革命论。1850年,马克思在《1848年至1850年的法兰西阶级斗争》里这样写道:"这种社会主义就是**宣布不断革命**,就是无产阶级的**阶级专政**,这种专政是达到**消灭一切阶级差别**,达到消灭这些差别所由产生的一切生产关系,达到消灭和这些生产关系相适应的一切社会关系,达到改变由这些社会关系产生出来的一切观念的必然的过渡阶段。"[①]在《共产党宣言》里,则将消灭了阶级差别的未来社会,称作"这样一个联合体,在那里,每个人的自由发展是一切人的自由发展的条件"[②]。

强调改革作为革命永远没有完成时的中国特色社会主义理论,是对上述不断革命论的继承和发展。之所以如此,是因为:第一,中国共产党继承和弘扬了传统马克思主义的基本价值(所谓"初心")。《共产党宣言》里所谓"每个人的自由发展是一切人的自由发展的条件",即作为正义原则的自由,在这些基本价值中居于核心地位,这也是《共产党宣言》予以特别强调、并以之代表全部社会主义或共产主义价值体系的缘由。在中国共产党所秉持的基本价值没有获得实现之前,改革作

[①] 《马克思恩格斯选集》第1卷,人民出版社,2012年,第532页。黑体字是原有的。

[②] 马克思、恩格斯:《共产党宣言》,人民出版社,2018年,第51页。

为革命是不会停止的①。第二,这些基本价值的实现,是以生产力的巨大发展、财富源泉的充分涌流为前提的。改革作为革命,恰好担负着变革一切不合时宜的生产关系和上层建筑,解放生产力、发展生产力的历史使命。在接近于实现那些基本价值目标之前,改革自然没有完成时只有进行时。第三,中国作为处于社会主义初级阶段的发展中国家,还经历着在落后国家发展生产力、建设社会主义的特殊任务,改革不仅要在一般意义上解放生产力、发展生产力,而且代表着落后国家制度变迁的一条特殊道路。在这条道路上,通过改革开放走中国特色社会主义道路,是解放生产力、发展生产力,实现人民群众共同富裕的必由之路。

值得强调的是,将改革视作又一次革命,必然意味着党在其性质上依然是革命党。改革开放以来,随着党将其工作中心转向经济建设,一些人提出,党自身也应该完成从革命党到执政党的转变。这种看法是片面的,甚至是肤浅的。在改革开放年代,一个秉持社会主义基本价值的党依然可以是革命党,这和党以经济建设为工作中心,并无矛盾;和党作为执政党,也无矛盾。党作为革命党和作为执政党,是两个不同层面

---

① 孟捷:《历史唯物论和马克思主义经济学》的第 7 章,讨论了马克思主义的基本价值、即其正义的概念。除了上述自由原则外,马克思主义的正义概念还涉及需要的原则,以及劳动的主观条件和客观条件相统一的原则,在这三者中,自由原则是最高的原则。

的问题,并不能相互替代。党正是通过宣布改革是永远不会结束的革命,通过不断"自我革命"保持革命党的属性,才赢得了自己的先进性和作为执政党的政治合法性。

中国共产党通过40多年改革开放的实践,成功地探索了一条发展科学社会主义的道路。党的十九大提出,"中国特色社会主义进入新时代……意味着科学社会主义在二十一世纪的中国焕发出强大生机活力"①。这是在汲取了历史中正反两方面经验后得出的具有重要意义的判断。社会主义从空想到科学的发展,并没有在马克思、恩格斯那里结束,而是一个永远没有句号的过程。对科学社会主义的这种理解,与改革作为永远不会结束的革命是一致的。中国特色社会主义理论,作为社会主义政党-国家的主观方面,为当代中国的制度变革提供了精神动力。让我们回顾一下毛泽东同志所说的话:"自从中国人学会了马克思列宁主义以后,中国人在精神上就由被动转入主动。"②如果我们将这里的马克思列宁主义诠释为不断发展的中国化马克思主义,诠释为习近平新时代中国特色社会主义理论,毛泽东同志的论断在今天也依然是适用的。以习近平新时代中国特色社会主义思想武装起来的中国共产党,面对"历史终结论",在精神上是解放的、是主动的。正如

---

① 《习近平著作选读》第2卷,人民出版社,2023年,第9页。
② 毛泽东:《唯心历史观的破产》,《毛泽东选集》第4卷,人民出版社,1991年,第1516页。

习近平同志所说:"历史没有终结,也不可能被终结。……中国共产党人和中国人民完全有信心为人类对更好社会制度的探索提供中国方案。"①"我国的实践向世界说明了一个道理:治理一个国家,推动一个国家实现现代化,并不只有西方制度模式这一条道路,各国完全可以走出自己的道路来。可以说,我们用事实宣告了'历史终结论'的破产,宣告了各国最终都要以西方制度模式为归宿的单线式历史观的破产。"②

---

① 《习近平谈治国理政》第2卷,外文出版社,2017年,第37页。
② 中共中央文献研究室编:《习近平关于社会主义政治建设论述摘编》,中央文献出版社,2017年,第7页。

第四章　党的领导与中国式善治

世界各国的现代化梦想是相同的,而通向现代化的道路却是多元的。一花独放不是春,满园春色春方好。如果世界各国现代化之后都变成与西方一模一样的体制,这个世界一定是异常乏味的"历史终结"。中国治理现代化不是西方化,而是中国特色社会主义制度治理体系的自我完善与国家治理能力的提升。中国的国家治理现代化是在借鉴世界各国有益的制度成果基础上的"中国之治",是中国式的善治,体现了治理现代化的中国方案与中国智慧。

中国式善治根本在于实现人民的主体性,充分保障人民当家作主,充分发挥人民的主动性、积极性、创造性。中国善治体系可以概括为四有:有道政党、有为政府、有效市场、有机社会这四个要素,共同保障人民主体性的实现。有道政党的领导,是中国善治的关键与根本优势。

一、中国式"四有"善治模型

在 20 世纪 90 年代以来形成的关于治理与善治的研究潮流中,治理(governance)与善治(good governance)常常被赋予特定的含义,治理被认为是不同于管理或者统治的一种新范式,是弱化政府权威,甚至是"没有政府"的多元主体治理方式。而善治则被认为"是国家的权力向社会的回归","善治的基础与其说是在政府或国家,还不如说是在公民或民间社会"[①]。

一些重要国际组织尝试去构建一个具有普遍意义的善治理论,而这种善治概念同样也被赋予了特定的西方中心主义的含义。1992 年世界银行的报告《治理与发展》将善治看成创造和维持一种能够促进强劲和公平增长的环境[②]。为了衡量善治,世界银行还构建了一套世界治理指数(Worldwide Governance Indicators),从参与和负责、政治稳定性、政府有效性、管制的质量、法治、廉洁性六个方面进行衡量[③]。

[①] 俞可平:《治理和善治引论》,《马克思主义与现实》1999 年第 5 期;俞可平:《全球治理引论》,《马克思主义与现实》2002 年第 1 期。

[②] World Bank: Governance and Development, Washington, D. C.: World Bank, 1992.

[③] http://info.worldbank.org/governance/wgi/.

1997年联合国开发计划署(UNDP)将善治概括为八个特征:公众参与、法治、效能与效率、平等与包容、回应性、透明、负责、共识导向。

正本清源而言,英文governance(治理)一词是指公共管理,并不是指任何特定类型的治理方式,不是所谓的"无需政府的治理",不是所谓的"多一些治理,少一些统治"[①]。而中国传统中的治理一词就是指治国理政,治原指治水,"昔禹治洪水"[②];理原指治玉,"顺玉之文而剖析之"[③]。这两个词被引申为治国,治理就是指治国理政,例如《荀子·君道》:"然后明分职、序事业,材技官能,莫不治理,则公道达而私门塞矣,公义明而私事息矣。"

西方式良治的概念、理论与标准对于推进我国治理现代化有借鉴意义,但是同样不宜将善治一词等同于被赋予特定含义的西方式良治(good governance),究其原意,古人所谈善治与善政不过是良好的管理或治理,《道德经》中就有"正善治",《尚书·大禹谟》"德惟善政,政在养民",《管子·枢言》:"无善事而有善治者,自古及今未尝之有也。"古人虽然没有去发展善治的理论,但是在其丰富的治理学说与悠久的治理实践中已经形成了传统的善治标准与实践。古人认为

---

① 王绍光:《治理研究:正本清源》,《开放时代》2018年第2期。
② 郦道元:《水经注》卷四。
③ 朱骏声:《说文通训定声·颐部》。

好的治理就是要做到"天下为公",这种公天下之治不仅是一种理念,具有丰富的内涵,例如尊君与民本并举,寓封建之意于郡县,选贤举能,德主刑辅、礼法合治,中国为本、天下为怀,都是试图从不同方面来造就大公之治①。

从治理、良治的西方教条去魅,使得我们能够回归本源,回归事实,能够更实事求是地看待中国自身的治理体系与善治模式。很多学者都提出了中国治理体系不同于西方的特性,例如林毅夫认为中国除了有效市场还有有为政府②。李玲、江宇进一步提出除了有为政府、有效市场之外,还需要有机社会③。

然而,如果缺乏中国共产党这把关键钥匙,就无法真正打开理解"中国之治"的大门。不论是政府市场两分法,还是政府市场社会三分法,都需要把中国共产党这个关键变量加进来④。有学者提出了"政党政府社会"三分法⑤,也有

---

① 具体论述参见鄢一龙:《"公天下"之治:中国传统善治思维及其当代意义》,《中国政治学》2020 年第 3 辑。
② 《对话北京大学国家发展研究院荣誉院长林毅夫:"有为的政府和有效的市场"》,《21 世纪经济报道》2013 年 7 月 22 日。
③ 李玲、江宇:《有为政府、有效市场、有机社会——中国道路与国家治理现代化》,《经济导刊》2014 年第 4 期。
④ 景跃进:《将政党带进来——国家与社会关系范畴的反思与重构》,《探索与争鸣》2019 年第 8 期。
⑤ 景跃进:《党、国家与社会:三者维度的关系——从基层实践看中国政治的特点》,《华中师范大学学报(人文社会科学版)》2005 年第 3 期。

学者认为可以将市场治理从社会治理中分离出来,形成"政党政府社会市场"四分法①。李君如教授在2018年国情讲坛演讲中谈到,我们的国家治理体系是由执政党中国共产党发挥领导核心作用,政权机构(包括人民代表大会和政府)、市场(包括国有企业和民营企业)、社会(包括社会组织)共同组成②,这里他明确地提出了我国治理体系的四要素论。

在以往研究的基础上,本章提出中国式"四有"善治模型。善治的根本在于最大程度实现人民的主体性,充分保障人民当家作主,充分发挥人民的主动性、积极性、创造性。有道政党、有为政府、有效市场与有机社会这四个要素共同保障了人民主体性的实现。有道政党的领导是中国式善治的关键与根本优势,它决定了中国是有为政府而不是有限政府,是有效市场而并非自由主义的市场,是有机社会而并非公民社会(图4-1)。

我们要建设强大的社会主义现代化国家,需要有强大的国家治理能力作为支撑。党的领导是中国具有强大国家治理能力的关键。从刚性国家治理能力看,党对于武装力量的绝对领导,使得我国具有强大的国家强制能力,对外能

---

① 严小龙:《国家治理现代化的四维结构特征》,《马克思主义与现实》2014年第6期。
② 李君如:《不忘改革初心,牢记历史使命》,清华大学国情研究院"国情讲坛"第十八讲,2018年12月4日。

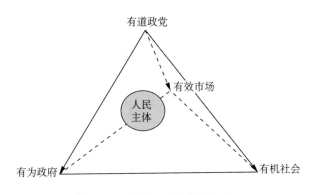

图 4-1　中国式"四有"善治模型

够有效保障我国主权与发展权益,对内能够保障我国人民民主专政。党的机构与国家政权机构高度同构,并处于国家政权的核心地位,使得我国政府成为具有如身之使臂、臂之使指的高效能政府,使得中国国家治理具有强大的行政能力。党对于庞大规模的公共资产的领导,使得中国能够运用资本与公共资源的力量为人民谋福祉,使得中国国家治理具有强大的物质激励能力。从柔性国家治理能力来看,党的强大组织体系,使得中国国家的组织化水平远高于西方国家,使得中国国家治理具有强大的组织能力。党对于意识形态的领导,使得社会具有共同的理想与追求,使得中国国家治理具有强大的思想引领能力。党员的先锋模范作用与党的基层组织的战斗堡垒作用,使得中国国家治理具有强大的示范引领能力。

二、有道政党：前所未有的新型政党

理解中国式善治，首先要理解中国共产党的性质，要避免先入为主的认知陷阱，不能套用西方的选举式政党思维看待中国共产党与中国的政党制度，需要在政党与政党制度类型学上有新思维。

将美国的两党与中国共产党做个比较，可以发现：美国两党是所谓的"三无"政党——无真正党员，只有粉丝式的党人（party affiliation）；无党纲，只有竞选纲领（platform）；无严密的组织，只有松散的协调[①]。中国共产党则是"三个高度"的政党：高度忠诚的党员，高度使命的政治纲领，高度严密的组织纪律性（表4-1）。为什么同样都被称作政党，却呈现如此不同的型态？

表4-1 中国共产党与美国两党比较

	中国共产党	美国两党
政党类型	新型政党	选举型政党
定义	通过领导、组织与动员党员及人民实现国家战略使命的政党	通过动员选民支持本党候选人以赢得选举的政党
主要功能	决策、整合、组织、意识形态	组织竞选、团结选民、协调政治运作、政策表达

[①] 王绍光：《如何理解当前的美国政党政治？》，赵忆宁：《探访美国政党政治：美国两党精英访谈》，中国人民大学出版社，2014年，序言。

(续表)

	中国共产党	美国两党
与国家的关系	内嵌于国家(state-party)	外在于国家,但参与国家治理
代表性	全体人民的利益,主要代表机制是群众路线	部分群体的利益,主要代表机制是选举
党的纲领	使命型纲领	竞选纲领
党员	具有高度的忠诚性、纪律性	粉丝式党人(party affiliation)
组织	严密的组织体系	松散的联合体
政党制度	协作型政党制度(中国共产党+民主党派)	竞争性政党制度(两党制)

资料来源:作者整理。

原因在于两者根本性质不同,美国两党是选举型政党,而中国共产党则是组织型政党。美国的政党制度是围绕着选举而设计的,美国的国父们对政党政治深恶痛绝,华盛顿在其告别演说中一再告诫不要采用政党政治,党派性"散发着剧毒,成为政府最危险的敌人"①。托马斯·杰斐逊曾经说,如果要有政党才能上天堂的话,他宁愿不去那里②。美国后来又选择了政党政治,是出于选举政治运作的需要,需要通过政党来组织选举、动员选民、协调政治运作。

中国共产党则是具有明确政治纲领,并代表全体人民,

---

① 华盛顿:《告别演说》,《华盛顿选集》,聂崇信、吕德本、熊希龄译,商务印书馆,2012年,第303页。
② 伯恩斯等:《民治的政府——美国政府与政治》,夏宏图、陈爱明译,中国人民大学出版社,2007年,第169页。

通过领导、组织、动员人民来共同应对挑战,不断与时俱进,共同实现伟大使命的新型政党。中国共产党兼具人民性、使命性、先锋性、革命性、先进性、整体性、实践性、组织性、纪律性、权威性。《中国共产党章程》明确规定中国共产党是中国工人阶级的先锋队,同时是中国人民和中华民族的先锋队。这从一定意义上表明了中国共产党先锋性政党、总体性政党与文明性政党的三位一体特征。"道"是传统哲学最高范畴,我们可以用"有道政党"来界定中国共产党的三位一体特征。中国共产党的先锋性政党之道是指,中国共产党要始终保持马克思主义政党本色,始终用先进的理论武装自己,始终是工人阶级先锋队,始终维护占据绝大多数人口的工人与农民的利益,保持严密的纪律性、组织性,始终推进自我革命,保持其先锋队特征,始终保持党组织的先进性与党员的先锋模范作用。中国共产党的总体性政党之道是指,中国共产党要代表人民的整体利益、长远利益,始终保持其人民性特征,协调人民内部矛盾,同时作为最高的政治力量与领导力量,能够具有高度权威,引领、组织全社会为实现共同目标而奋斗。中国共产党的文明性政党之道是指,中国共产党是中华文明的继承者,承担着引领中华民族伟大复兴的使命。党的有道不是给定的属性,而是在具体历史进程中通过不断争取、不断锻造而获得的特性。面对现实的、层出不穷的国内外严峻考验,党需要通过持续的"自我革命"与政党建设,成为推进国家治理现代化的核心力量。

第一,人民性

不同于那些脱离人民,或者代表部分群体利益的政党,中国共产党始终是和人民血肉相连的政党。理解中国人民与中国共产党的主客辩证关系是理解百年中国道路的关键。一方面,人民是创造历史的主体,而党是实现人民意志的工具;另一方面,党是历史进程的主心骨和领导力量,正是通过党的领导,人民才由一盘散沙,变成具有集体意志、集体目标、集体行动的历史能动主体。中国人民是创造近代以来中国历史的真正英雄,而中国共产党则是创造近代以来中国历史的中流砥柱。

中国共产党是中国人民的最高领导力量、最高组织形式与最高意志表达。中国人民作为集体英雄的伟大力量是中国共产党不竭力量的源泉,中国共产党的正确领导使得人民掌握了改变自身命运的主动权。中国人民是中国主人翁,而中国共产党则是中国主心骨。中国共产党来自人民、依靠人民、为了人民,执政党与人民之间密切的、全过程的互动本身就是人民民主的最生动实践。

第二,使命性

不同于那些缺乏延续、明确政治纲领与奋斗目标的政党,中国共产党是具有高度使命性与不断制定奋斗纲领的政党。就如同习近平同志指出的,中国共产党一经诞生,就把为中国人民谋幸福、为中华民族谋复兴确立为自己的初心使命。百年奋斗的主题就是要实现中华民族伟大复兴,同时,《中国共产党章程》规定了中国共产党更为远大的使命是实现共产主义。

正是这种使命性,而且能够不忘初心、牢记使命,使得中国共产党具有崇高理想信念与务实的行动方案,使得中国共产党能够走得实、走得久、走得远,能够在百年、千年的时空中谋划、推动中国发展,能够在党的历次代表大会上不断制定未来的政治纲领,从而带领全国人民沿着预定的目标持续奋斗,一代接着一代奋斗,一届接着一届干,从而能够不断改变中国的面貌。

第三,先锋性

不同于所谓的精英党,中国共产党是具有高度先锋性精神的政党。精英党在人民之上,而先锋党在人民之中,吃苦在前,享受在后。

例如在抗疫期间,党员不是高高在上,而是扎根在人民之中,与人民群众想在一起,干在一起,命运与共,吃苦在前,牺牲在前,鲜红的党旗高高飘扬在抗疫第一线。根据我们不完全统计,截至2020年5月14日,战疫牺牲517人,其中党员与预备党员占70.6%,80.7%是因为过劳去世的,这是党的先锋性的最鲜明体现(表4-2)。相形之下,美国两党则是典型的选举型政党。美国疫情的蔓延与美国两党忙于竞选、防控不力直接相关,美国两党抗疫不忘打选战,将大量精力不是用在抗疫上,而是用到作秀与拉选票上。抗疫成了两党候选人打造人设、争夺流量、争夺话语权、争夺支持的作秀舞台。

表4-2 抗疫牺牲人员情况统计

		人数(人)	比例(%)
身份 (30人身份 信息待完善)	党员(含预备党员)	344	70.6%
	群众	142	29.2%
	民主党派党员	1	0.2%
职业	公务员(含干部、非警)	117	22.6%
	村干部	119	23.0%
	警察(含辅警)	138	26.7%
	医护人员	69	13.3%
	志愿者	37	7.2%
	其他	37	7.2%
去世原因 (9人去世 原因不明)	过劳突发疾病	410	80.7%
	遭遇意外事故(车祸等)	67	13.2%
	在防疫工作中感染新冠病毒	31	6.1%
年龄 (29人年龄 信息待完善)	30岁以下	26	5.3%
	30—39岁	63	12.9%
	40—49岁	157	32.2%
	50—59岁	189	38.7%
	60岁及以上	53	10.9%

注:本表统计截至2020年5月14日,根据共产党员网以及有关媒体相关报道整理。

第四,革命性

不同于那些陷入僵化固化的政党,中国共产党是具有高度革命性精神的政党。唯有创业才能守业,唯有变易才能不易。历史表明,许多政党、组织、国家发展到一定阶段就会陷入观念僵化、利益固化、体制老化,失去了生机与活力,苏共亡党亡国很重要的原因就在于此。

就如同习近平同志指出的"勇于自我革命是中国共产党区别于其他政党的显著标志",纵览人类历史能够做到这一点难能可贵。中国共产党的革命性是指自我革命与社会革命的统一。

对内勇于自我革命,勇于打破僵化观念的束缚,能够与时俱进更新自身指导思想,能够刀刃向内,清理自身肌体上的腐败因素,正是自我革命的精神才避免了党自身的异化与蜕变,才使得党永葆青春,永葆生机活力。

对外勇于推进社会革命,任何社会发展到一定阶段都会从既有社会结构中滋生出现大量的垄断势力、分利集团、特权阶层,对于社会的进步构成阻碍。中国共产党从不代表"任何利益集团、任何权势团体、任何特权阶层的利益",中国共产党有勇气、有担当、有能力从最广大人民的根本利益、长远利益出发,推进社会革命,打破既定利益结构,打破固化利益格局,避免"分利集团"的俘获,推进社会格局重组,不断推进社会进步。

第五,先进性

不同于那些缺乏科学理论指导的政党,中国共产党是马克思主义先进理论,特别是中国化马克思主义先进理论武装起来的政党。马克思主义是一套先进的理论体系,马克思是未来学者,越是随着时光流逝,越表现出马克思主义真理力量。

马克思主义是一套开放的理论体系,中国共产党能够根据实践与时代的要求,不断推进马克思主义中国化、时代化,在不同历史时期,创立了毛泽东思想、中国特色社会主义理论体系、习近平新时代中国特色社会主义思想,实现了马克思主义中国化的三次飞跃。正是有了与时俱进的科学理论指导,中国共产党既避免了理论僵化的教条主义,也避免了盲人摸象的经验主义,始终能够以正确的理论指导武装自己,始终能够勇立时代潮头,引领时代进步方向。

第六,整体性

不同于西方代表特定群体利益的政党,中国共产党是代表全体人民利益的政党。中国共产党领导有一个重要的政治经济学含义,就是人民的整体利益、根本利益有了现实化的代表者与行动者。

美国体制的突出问题在于难以整合碎片化的利益与观点,"十人十义,百人百义",每个人、每个团体都有自己的利益与主张,但是缺乏有效的力量来推动共同利益、共同主张与共同行动。举一个高铁的例子,美国差不多和中国一同开始有高铁梦的,奥巴马总统在他的国情咨文中,多次谈到美国的高铁梦,例如2011年他说:"在未来25年里,我们的目标是让80%的美国人坐上高铁。"十年过去了,当中国梦变为了现实,而美国梦依然是遥不可及的梦。

中国今天高铁总里程已经达到4.5万千米,是中国之外其他国家高铁总里程的两倍多,而美国的高铁只有645千米。曾经雄心勃勃要成为美国高铁样板的加州高铁计划,十多年后已经成为特朗普所说的"世纪烂尾工程"。

难怪美国众议院前议长纽特·金里奇要说:"为了让美国政治人物、利益集团、游说者、工会及官僚们认识到他们最好应当整合国家目标——仅仅是为了我们这个国家的继续存在——他们都该去乘坐一次中国高铁。"

第七,实践性

不同于那些脱离实际的政党,中国共产党是具有高度实践精神的政党。中国共产党坚持实践是检验真理的唯一标准,实践是认识真理的大学校,理论不是从天上掉下来的,也不是从头脑里蹦出来的,理论来源于实践,又反过来指导实践。中国共产党从战争中学会战争,从建设中学会建设,实事求是使得中国共产党的路线方针能够符合实际,能够做到八九不离十,即便有时犯了错误,也能够及时加以调整。

中国共产党又是脚踏实地、务实进取的政党,牢记"人要吃饭,走路要用脚,子弹能打死人",在仰望星空的同时始终不忘"看脚下",提出的目标不能超越发展阶段,坚持问题导向,有什么问题解决什么问题,遇到什么坎迈什么坎,逢山开路,遇水搭桥,一步步将中国推向前进。

第八,组织性

不同于那些松散型政党,中国共产党是具有高度组织性的政党。中国共产党是中国人民的最高组织形式,建立了一整套与全社会高度同构的组织体系。

现代社会的基本特征就是组织化,中国共产党组织体系内嵌到不同类型组织中,建立了纵向到底、横向到边的组织体系。

截至 2022 年 12 月 31 日,中国共产党已经有 506.5 万个基层组织,全国 9 062 个城市街道、29 619 个乡镇、116 831 个社区(居委会)、490 041 个建制村已建立党组织,覆盖率均超过 99.9%[①]。各级机关单位、事业单位、公有制企业、非公企业、社会组织,都有党的基层组织,总体上实现了应建尽建。同时"支部建到连上,党小组建在班上",实现了社会组织化细胞单元与党组织细胞单元的结合。

现代中国社会治理的一个关键奥秘在于,既依照现代社会多元分工的特征,设立各种不同类型的专业化组织,同时

[①] 中共中央组织部:《中国共产党党内统计公报》,2023 年 6 月 30 日。

又以中国共产党基层组织嵌入其中,以中国共产党坚强、柔性的领导贯穿其中,从而实现了灵活性与统一性的结合。

正是通过高度的组织性,中国共产党才能够从根本上解决现代社会各自为政、不相统属的问题,才能够真正实现全体人民的有机团结,既能够在全国层面进行部署与动员,又能够深入社会的细胞进行组织动员。

中国能够动员全国家和全社会力量参与抗疫,根本上是依靠党领导下的强大组织动员体系,这套组织动员体系覆盖全社会,不但动员了政府力量,也动员了企业力量、社会力量来共同参与抗疫。这个体系纵向到底,使得组织管控能够到达社区、村庄、企业等社会运行的基础单元,能够形成覆盖全社会各个网格的群防群控体系。这个体系使得我们能够在推进医疗救治的同时,还能够保障医疗物资供应,快速建成雷神山、火神山等专门救助医院;在推进疫情管控的同时,能够保障日常生活物资的配送与供应;在宏观层面进行大规模的社会资源调度的同时,能够在微观层面进行个体接触史的排查与社区、超市等社会运行细胞单元的管控。

第九,纪律性

与组织性相关联的是党的纪律性,纪律性使得党成为一个坚强统一的整体。"党的纪律是党各级组织和全体党员必须遵守的行为规则,是维护党的团结统一、完成党的任务的保证。"党设立了纪律检查机关并制定了纪律处分条例,以维护党的纪律性。

第十,权威性

中国共产党领导的权威性是正式权威与非正式权威的结合,从正式权威而言,党的领导已经写入宪法,宪法总纲明确规定"中国共产党领导是中国特色社会主义最本质特征"。中国共产党各级委员会是核心国家权力机关,掌握着国家的领导权。就非正式权威而言,中国共产党在全国人民中享有崇高的威信,中国人民认同并拥戴中国共产党的领导。

历史已经表明,中华民族的伟大复兴关键在于中国共产党的领导,而中国共产党之所以能够承担起历史性使命的根本原因在于中国共产党是新型政党,中国政党制度是新型政党制度,中国政治制度是新的政治文明形态。

与此同时,我们要看到中国共产党处于整个经济社会的权力中心,缺乏竞争对手,不推行自我革命,政权性质很容易蜕变。中国共产党是世界上最大的政党,到2022年底党员人数已经多达9 804.1万,占总人口的比重达到了6.9%①,但是人数众多并不等同于真正强大。事实上,1988年罗马

---

① 中共中央组织部:《中国共产党党内统计公报》,2023年6月30日;国家统计局:《中华人民共和国2022年国民经济和社会发展统计公报》,2023年2月28日。

尼亚的共产党员比重高达 16.1%①。苏联解体前夜，苏共党员数 1 900 多万名，占苏联总人口的 6.8%，虽然人数众多，但是由于思想蜕变、组织溃散，土崩之势已成。"十四万人齐解甲，更无一个是男儿"，在短短一年时间里，庞大的政党、庞大的社会主义国家就在几乎毫无抵抗之中被轻而易举地瓦解了。

中国共产党处于整个国家权力中心，缺乏竞争对手，很容易发生像苏共那样的蜕变，"有道者得之，无道者失之"。中国共产党的"十个特征"，并非给定的前提，是需要在具体历史进程中通过不断争取而获得的特性。面对现实的、层出不穷的严峻考验，党需要通过持续的政党建设，以始终保持自身的有道特性，以成为推进国家治理现代化的核心力量。

三、党的领导与有为政府

很多学者都指出中国政府不是有限政府，而是有为政府②。

---

① 王绍光：《要瘦身，不要虚胖；要先锋队，不要精英党》，胡鞍钢：《国情报告》第十四卷，社会科学文献出版社，2011 年，第 322 页。

② 林毅夫：《转型国家需要有效市场和有为政府》，《中国经济周刊》2014 年 2 月 17 日。新结构经济学将有为政府（facilitating state）定义为在各个不同的经济发展阶段能够因地制宜、因时制宜、因结构制宜地有效地培育、监督、保护、补充市场，纠正市场失灵，促进公平，增进全社会各阶层长期福利水平的政府（王勇、华秀萍：《详论新结构经济学中"有为政府"的内涵——兼对田国强教授批评的回复》，《经济评论》2017 年第 3 期）。本章定义与之不同。

中国有为政府的特征主要表现为在国家治理上能够表现出更高的效能,能够用"看得见的手"来推动发展,促进社会公平、环境优化等。如同王绍光所言党国体制解决了国家治理能力的问题①,中国政府之所以能够成为有为政府根本原因在于党的领导。

(一)党的领导使得中国政治权力体系分工不分立,成为有机整体,从而使政府具有更高效能、更具担当、更负责任

美国的政治体制是"三权分立",中国则是"七权分工",包括党中央领导权、全国人大立法权、国务院行政权、中央军委军事权、纪检监察委监察权、最高法最高检司法权、全国政协协商权。中国政治体制之所以是分工体制而不是分立体制,根本原因在于党中央领导权的统合。这使得中国政治体制运行原则根本上不同于美国的政治体制,美国政治体制运行核心原则是分权制衡,中国则是分工协作、民主集中,体制运行更有效能。分工体制使得中国体制更具有效能,能够共同推进国家目标实现②。中国具有很强的国家目标实现能力,"十一五"规划22个指标完成了20个,"十二五"规划

---

① 王绍光:《国家治理与国家能力——中国的治国理念与制度选择》,《经济导刊》2014年第6期。

② 鄢一龙:《中美政治体制比较:"七权分工"VS"三权分立"》,《东方学刊》2020年第3期。

24个指标完成了23个。"十三五"规划前四年进展顺利，2020年由于受到新冠疫情的巨大冲击，经济增速下降到2.3%，这也一定程度上影响了"十三五"规划的完成，即便如此，25项规划指标也有20项顺利完成。

（二）党的群众路线要求中国政府是负责任政府，而不是有限责任政府

群众路线内嵌于政府治理过程中，使得政府管理与人民诉求形成密切的互动关系。中国政府不是有限责任政府而是需要时刻回应人民需求，为人民提供服务的政府，这是党的群众路线的内在要求。将群众路线内嵌到政府治理体系中有助于政府管理的官僚化问题。群众路线要求政府官员与人民保持密切的互动关系，保证党员干部"始终做到为了群众、相信群众、依靠群众、引领群众、深入群众、深入基层"，要求政府管理来自人民、扎根人民、为了人民。来自人民是指党的意志和主张必须来自人民，把人民分散的智慧集中起来变成党的意志和主张。同时，党的干部也是来自人民，保持公共权力系统的开放性。扎根人民是指人民是创造历史的主体，党的意志和主张是通过人民的积极性、主动性、创造性来实现的，党要发挥其先锋队功能，组织和动员人民，和人民想在一起，干在一起。为了人民是指党不能有私利，始终以"全心全意为人民服务"为宗旨。

美国政府是有限责任政府，美国政府与美国人民之间是

提供公共服务的商家与顾客的关系,只是承担有限责任,而且政府不是作为整体负责,不同权力分支、不同部门、不同层级、不同岗位各有各的责任,疫情期间所谓的有限责任政府就成了"甩锅政府",没有谁为疫情有效控制真正负责,人民也只能自求多福。特朗普不断甩锅各州、甩锅"深层政府"、甩锅媒体、甩锅中国等等。中国截至 2020 年 4 月中旬,仅湖北省处分疫情防控中失职失责党员、干部就达到了 3 000 多人,而在美国,几乎很少看到官员因为抗疫不力被问责。

(三)党管干部体制使得中国政府治理能够选贤任能

中国总体上是选贤任能的竞争性选拔制度。十八届中央政治局常委省级平均任职时间是 13.7 年,正省级时间平均 9.5 年;十九届中央政治局常委省级平均任职时间是 14.5 年,正省级时间平均 8.5 年。我国很多省(区、市)就有几千万乃至上亿人口,相当于世界上的大国的人口规模,治省(区、市)就相当于治国,在熟悉地方情况后,还要通过政治局委员的经历熟悉全国情况,才进入政治局常委会。习近平同志是先治村(6 年)、治县(3 年)、治市(11 年,3 个市)、治省(11 年,3 个省、市),而且在党的系统、行政系统、人大系统、军队系统都经过历练,然后再到中央治国,同时在中央也经历了 5 年的历练,才担任国家最高领导人。

"宰相必起于州部,猛将必发于卒伍"。竞争性选拔体制保证了政府官员具有丰富的实践经验,更重要的是通过实践检验,而不是通过选票检验,通过层层历练、层层检验、层层选拔才成为国家领导人。中国的竞争性选拔体制是一种筛选出实干的专业治国团队的选拔方式,正如李光耀所说,正是十几亿中国人中最杰出的分子在掌舵。

相比之下,特朗普没有任何从政经历,就可以成为总统,这似乎有点违背常识。我们知道社会上任何职位,不论是教师、医生、公务员,也包括企业运营者,大多都要从低级职位一步步做起,但是美国总统这个职位好像不需要任何职业履历的门槛与台阶,只要通过选举就可以一步登天,做到最高职位。美国的竞争性选举体制是一种"海选"体制,对于国会议员与总统候选人的资格只是一种基本资格的限定:一是年龄门槛,二是公民权年限门槛,三是居住年限门槛,众议员最松、参议员其次,总统相对严格一点。

当然,可能的制度逻辑是假设通过选举体制可以把不合格的人筛掉,把最强的人选出来。然而,就如同美国有句话说的那样,"选举是诗歌,治理是散文",诗写得好并不一定散文写得好,擅长选举,未必擅长治理;擅长治理,未必擅长选举。特朗普当然是很能打选战,善于操纵议题、煽动力强、善于用新媒体、自带流量、高级黑,这些特质都是他能够在残酷的选战中屹立不倒,脱颖而出的原因,但是这并不意味着他也就善于治理国家。选举原是为了治理,但是今天已经异化为治理也是为了选举,需要在推特上不断吹嘘政绩、打击政敌,以赢得下一轮选举。乌克兰曾经发生了选举"假戏真做"的事情,很好地体现了"海选"体制的异化。乌克兰拍了一部国民电视剧《人民公仆》,2019 年剧中的男主角泽伦斯基,把自己的流量变现去参加选举,真的被选上了乌克兰第六任总统,而电视剧的工作室"Kvartal 95"组成了"人民公仆"党,成了执政党。

孙中山很早就看出这种"海选"体制的重要缺陷在于对于候选人资格没有限制。他说:"民选的流弊亦很多……想补救他呢,单单限制选举人亦不是一种好底办法。最好底办法就是限制被选举人。……若没有一个标准,单行普遍选举,毛病亦多。……兄弟想当议员或作官吏底人,必定要有才有德或有什么能干,若是没有才没有德,又没有什么能干,单靠有钱是不行的。"[①]他提出了补救办法就是用考试,当然光是考试也是不行的,如果都用考试,就会造成不是干得好的人晋升,是考得好的人晋升,更合理的还是目前中国实行的,考试只是解决入口问题,晋升还是要通过实践检验来逐级选拔。

(四)主要通过权力监督而不是通过分权制衡的方式来避免权力腐化

任何政治体制都需要解决如何避免权力腐化的问题,中

[①] 孙中山:《五权宪法》,《孙中山选集》下,人民出版社,2011 年,第 505 页。

国并没有走西方国家分权制衡的道路,因为那样会带来权力运行效率的下降,分权制衡在防止坏人做坏事的同时,也限制了好人做好事。中国在保证权力分工协作的同时,设立严密的权力监督体系,"让人民监督权力,让权力在阳光下运行,把权力关进制度的笼子"。党的十九大报告提出,要设计一套上下、左右、内外,全方位的严密的权力监督体系,包括日常管理监督、巡视巡察监督、纪检监察监督、审计监督、党内监督、国家机关监督、民主监督、司法监督、群众监督、舆论监督等。党的十九届四中全会做了进一步制度与机制设计。既让好人做好事,同时又让坏人无法做坏事,从而造就一种既高效又清廉的体制。

监督思维是和互联网时代高度相应的,在这个时代,监督者一定程度上会比被监督者更了解他自己,政府官员的出行、用餐、支付、转账等等都会留下数字痕迹,在数字之眼监控之下,任何违规行为都无处遁形。

(五)党的领导使得中国能够实现政治高度集中统一与行政高度分权的有机结合

中国是地区发展不平衡、差异巨大的单一制大国,行政上高度分权,地方政府对于本地发展具有高度自主性,中央政府主要制定宏观目标与总体政策框架,并通过"层层发包"的方式让地方根据自身的实际加以落实,地方财政支出比重在改革开放之初的"六五"时期就达到了50.2%,随后不断上升,"十二五"以来已经达到了 85.2%以上,而美国作为联邦制国家,2014—2018 年地方财政支出比重只有 52%—53%之间(表 4-3、表 4-4)。

表 4-3　中央和地方一般公共预算收支

时间	一般公共预算收入	中央占比	地方占比	一般公共预算支出	中央占比	地方占比
"六五"时期	7 402.8 亿元	34.9%	65.1%	7 483.2 亿元	49.8%	50.2%
"七五"时期	12 280.6 亿元	33.4%	66.6%	12 865.7 亿元	34.4%	65.6%
"八五"时期	22 442.1 亿元	40.3%	59.7%	24 387.5 亿元	30.0%	70.0%
"九五"时期	50 774.4 亿元	50.5%	49.5%	57 043.5 亿元	30.6%	69.4%
"十五"时期	115 050.7 亿元	53.8%	46.2%	128 022.9 亿元	28.6%	71.4%
"十一五"时期	303 032.1 亿元	52.6%	47.4%	318 970.8 亿元	20.7%	79.3%
"十二五"时期	642 976.9 亿元	46.9%	53.1%	703 076.2 亿元	14.8%	85.2%
2016	159 552.1 亿元	45.4%	54.6%	187 841.1 亿元	14.6%	85.4%
2017	172 592.77 亿元	47.0%	53.0%	203 085.49 亿元	14.7%	85.3%
2018	183 351.84 亿元	46.6%	53.4%	220 906.07 亿元	14.8%	85.2%

资料来源:国家统计局,《中国统计摘要 2018》。

表 4-4　美国各级政府支出情况(2014—2018)

年份	联邦政府支出	政府间转移支付	州政府支出	地方政府支出	总支出	中央占比	地方占比
2014	3.5 万亿美元	0.6 万亿美元	1.6 万亿美元	1.7 万亿美元	6.2 万亿美元	46.8%	53.2%
2015	3.7 万亿美元	0.6 万亿美元	1.6 万亿美元	1.8 万亿美元	6.5 万亿美元	47.7%	52.3%
2016	3.9 万亿美元	0.7 万亿美元	1.7 万亿美元	1.8 万亿美元	6.7 万亿美元	47.8%	52.2%

(续表)

年份	联邦政府支出	政府间转移支付	州政府支出	地方政府支出	总支出	中央占比	地方占比
2017	4.0万亿美元	0.7万亿美元	1.8万亿美元	1.8万亿美元	6.9万亿美元	47.8%	52.2%
2018（估算）	4.1万亿美元	0.7万亿美元	1.8万亿美元	1.9万亿美元	7.1万亿美元	47.9%	52.1%

资料来源:美国政府支出网,https://www.usgovernmentspending.com/。
注:联邦支出 = 联邦政府支出 + 联邦政府向州和地方的转移支付;
总支出 = 联邦支出 - 政府间转移支付 + 州政府支出 + 地方政府支出。

同时,我们在政治上又是高度集中统一的,这是国家目标能够有效地得到贯彻落实的前提,以国家五年规划为例,"十二五"规划有75%的地方指标与国家五年规划是相同或一致的,地方只要完成自身的规划,就可以在很大程度上落实中央的目标,这主要通过政治引导来实现。我们走了一条跟美国政治行政二分不同的道路,我们是政治行政有机结合,绝大多数地方官员首先是党的干部,落实党中央的方针政策是其首要任务。因此,中国能够实现行政分权与政治集中统一,治理的灵活性与统一性的有机结合[1]。

中国是全国一盘棋,美国是各地方各自为战。中国本次抗击疫情体现了两个大局。第一个大局就是英雄的武汉为了阻击疫情封锁了离汉通道,这个异常硬核的决策,前所未

---

[1] 具体论述参见鄢一龙:《五年规划:一种国家目标治理体制》,《文化纵横》,2019年第3期。

有的措施,遏制了疫情扩散蔓延势头,保护了全国人民。第二个大局就是全国对武汉和湖北发起了一场民族史诗般的饱和式救援,全国派出了346支医疗队,42 000多名医护人员支援湖北,这使得武汉避免了医疗系统崩溃问题,最终也保护了武汉人民。这也是中国对口支援等地方之间互助治理体系在应急状态下的运用。

美国疫情防控主要依靠地方,联邦政府主要功能是防止境外输入、防止州之间传播,为州抗疫提供协助。各州各自为战,联邦也没能很好地协调,各州和医院需要通过竞标才能购买到关键的医疗用品和设备。在检测、治疗、隔离、社交距离、复工等政策上,各州政策不一致、不协调,表面上是"合众为一",本质上还是个"散装"的国家。

四、党的领导与有效市场

很多学者都指出中国的市场经济是有效市场,但是这种有效市场除了具有更高的效率之外,还在于其根本性质,是主要为全体人民服务,这决定了市场经济的基本性质。中国社会主义市场经济不同于西方的市场经济,根本区别在于它的性质是共益性而不是私益性,全体人民都能共同受益,而非少数人得益,资本逐利动机需要符合人民福祉最大化的要求。中国的有效市场是人民为中心,而不是资本为中心,是服务于人民福祉最大化,而不是服务于资本利益最大化,体现了社会主义制度根本优势[1]。归根到底,我们的优势在于社会主义和市场经济有机结合。

(一)社会主义与市场经济有机融合形成复合优势

首先,中国走了一条既不同于自由竞争,又不同于福利国家的民生国家道路,强调民生问题,不能完全靠市场和个体力量去解决,要靠个人、集体与国家共同解决,避免了个体在市场经济大潮中的彻底原子化,避免了市场完全脱嵌于社会[2]。

其次,国家掌握了大量的公共资产,能够用以提高公共福祉。除了国有经济之外,关键性的生产资料城乡土地、矿山、森林等公共资产都掌握在人民和国家的手里,这使得人民不但能够拥有私人福利,还能够享受更高水平的公共福祉,这对于人民幸福与社会公平至关重要。以高铁为例,高铁算的不只是中国铁路总公司盈亏的小账,更要算国民经济与全社会福祉的大账,通过修建高铁拉动了区域经济发展,大大提升了人民出行的便捷性。

人民福祉可以分为私人福祉与公共福祉,私人福祉主要

---

[1] 鄢一龙:《骑在资本头上的社会主义》,《大道之行:中国共产党与中国社会主义》,中国人民大学出版社,2015年,第5章。

[2] 鄢一龙:《新时代与民生国家建设》,《中央社会主义学院学报》2018年第1期。

取决于个体的财富占有状况,而公共福祉取决于全社会的公共产品提供水平。

从抗击新冠疫情的实践中我们就可以看出,病毒是平等的,并不会区分富人与穷人,没有整个社会对于疫情的控制,每个个体再重视也是没有意义的。

这次抗击疫情,国有企业就发挥了重要作用。国有企业也是党和人民的经济部队,危难关头能够为捍卫人民利益,不计得失,挺身而出。例如,我们国家的三大电信运营商作为国有企业,不能只从企业盈利的角度考虑问题,需要推进信息基础设施建设,这才使得4G网络覆盖到中国的每个角落。在疫情期间,中国移动西藏公司昌都分公司为了解决当地一位藏族姑娘上网课信号不好的问题,专门给常住人口只有11户、共50多人的波洛村建了第二个4G基站,只有社会主义国家的国有企业才可能做这种企业赔钱、人民受益的事情。而很多发达资本主义国家别说4G信号没有普及,连3G信号也未普及。

同时,医疗等关系到人民基本民生问题的事业坚持了公益性方向,这次疫情应对过程中,公立医院发挥了绝对主力军的作用,公立医院的医护人员,成为党和人民的医疗战士,披上白色战袍就义无反顾地奔赴战场。能够做到这一点,是由于过去十年间虽然公立医院发展速度远慢于民营医院,但是我们仍然有12 032家公立医院,有575万人是在公立医院工作,如果像有些人鼓吹的那样将公立医院全部改制成民营医院,后果将不堪设想。

美国作为资本主义国家,国家能够调动市场和社会力量参与抗疫的能力有限。特朗普政府需要动用《国防生产法》要求企业生产抗疫急需的物资,同时由于生产能力有限,许多抗疫物资还需要从中国进口。虽然有很多医护人员在网络上注册前往纽约当志愿者,但绝大多数未能前行。

第三,中国有国家规划,能够弥补市场失灵,推动发展的更高水平均衡。改革开放之后,中国废除了计划经济,但是还仍然有国家规划。市场均衡是有严格前提的,将时间变量、社会公平、自然环境、外部不确定性等因素加入之后,市场往往是不均衡的。新型国家规划能够弥补市场失灵,推动国家发展的更高水平均衡。主要包括以下五大均衡:(1)供需均衡。市场并不能自发地实现总供给与总需求的均衡,这也是资本主义经济周期性危机的根源。规划通过发展战略选择能够促进总供给与总需求的平衡,拉动经济增长,降低经济增长波动性。(2)时间均衡。短期理性的事情,长期未必理性,反之亦然,短期的消费者利益最大化不等于长期的人民福祉最大化。与市场只关注短期不同,规划能够兼顾短期长期,实现时间均衡。规划体制使得中国政策能够长远谋划、长远布局。(3)空间均衡。长期以来,国家规划就需要考虑人口、产业布局与资源空间分布的均衡,而主体功能区规划则在更大范围内考虑人口、产业、资源、生态等要素在空间上分布的均衡,将国土空间划分为优化开发、重点开发、限制开发与禁止开发。(4)生态均衡。自然生态系统的均衡经常被破坏,这主要由于人类的过度开发活动造成的,同时也有自然因素自身的作用,在恢复生态平衡上,市场机制是失灵的,需要用规划之手,积极加以引导。(5)内外均衡。发展不但是国内市场的小循环,同时还有国内与国际的大循环,需要在全球范围内考虑供需均衡,外部宏观条件经常是不确定的,不能只依靠市场的力量,而是需要规划进行前瞻性的谋篇布局。

(二)党对于资本的驾驭使得能够将资本追逐利润最大化的动机引导到实现人民福祉最大化的方向上来

在市场经济条件下,资本的权力就是马克思说的"不可抗拒的购买的权力",它是总体性权力,它能对其他类型权力构成支配性作用。政治权力、媒体权力、社会组织的权力,资本的力量都可以操控。资本权力可以转化为各种表象,可以表现为颜值、权威、关爱等等人间各种美好事物。资本权力无所不在,无孔不入,只要有商品交易就能发挥作用。资本权力还随着资本规模不断积累而不断增长。初级阶段的社会主义需要既保护资本权利。十九大报告进一步强调市场在资源配置中起决定性作用,明确要求推进完善产权制度的改革,是要完善"归属清晰、权责明确、保护严格、流转顺畅"

的现代产权制度,核心是产权保护①。

同时,又需要节制资本权力,避免当代资产阶级由自在的资产阶级转变为自为的资产阶级,以确保我们的体制能够不被资本所操控,能够真正以人民为中心,做到这一点只有通过党的领导。党的十九大报告指出"党政军民学,东西南北中,党是领导一切的"。党的领导权也是总体性权力,它是上层建筑的总体性权力,只有总体性权力才能驾驭总体性权力。决定中国未来根本走向的,在于党的领导权与资本权力这两种总体性权力博弈。例如房地产,从资本的利益出发就是放任房价飞涨,而政府也在其中分一杯羹,真正代表人民的利益,就要真正落实"房子是用来住的,不是用来炒的"的根本定位。

党组织人民走共同富裕道路。乡村振兴战略标志着新中国成立以来的农村社会主义道路的第三次飞跃,如何实现适度规模化经营?如何实现共同富裕?目前我国土地经营面积在 10 亩以下的农户约有 2 亿户,占全国农户八成以上②。农民对于土地流转顾虑重重,很多地方办的合作社只是空壳。问题本质在于谁来组织农民进行规模化经营,是资本来组织?还是由党来组织?

---

① 穆虹:《加快完善社会主义市场经济体制》,《党的十九大报告辅导读本》,人民出版社,2017 年,第 230—235 页。

② 王亚华、苏毅清:《促进城乡融合发展的体制机制和政策体系》,2018 年 12 月。

2019年9月我们在山东烟台调研,烟台推行的是党支部领办合作社,由支部成员代表村集体注册成立合作社,土地流转给集体的合作社进行规模化经营,形成集体、群众、企业的利益共同体,村集体以集体资金、资产、资源入股,组织群众以资金、土地、基础设施、劳动力等入股,农业企业参与经营活动。这是"党建政治经济学"的生动实践:一方面,由于党组织的威望与公信力,能够有效集中分散资源,推动规模化经营,引导小农户经营步入现代农业发展轨道;有效推动集体经济发展,目前全市已有1 470个村党支部领办合作社,占建制村总数的22.8%,新增集体收入3.8亿元,群众增收4.9亿元;有效增加农民收入,农民既有土地流转保底收入、合作社收益分红,又可以到合作社务工报酬[①]。另一方面,也由于通过现实的经济活动,使得党组织能够有组织党员与农民的抓手,通过党支部领办合作社,党组织、党支书的威望树立了,党的基层组织得到巩固,老百姓说共产党真是为我们办事的;干部队伍得到了锻炼,形成了"好人 + 能人"的选人导向;群众积极性高涨,人民群众共同致富的精气神焕发、面貌一新。

(三)党建赋能市场经济,市场更具活力

21世纪国家最重要的功能是赋能而不是赋权,西方现

[①] 烟台市委组织部:《烟台市推行村党支部领办合作社蹚出共同富裕新路子》,2019年9月。

代国家被称为赋权型国家,T. H. 马歇尔在他著名演讲中提出现代公民身份由三个维度构成:第一公民权、第二政治的权利、第三社会的权利。18 世纪确立了公民权,19 世纪选举权的扩展、确立了公民的政治权利,20 世纪福利国家确立了公民的社会权利。但是到了 21 世纪的今天,国家对于公民这三个维度的赋权都出现了很大问题。21 世纪更需要的不是赋权型政府,而是赋能型政府,国家需要为市场与社会赋能,整个国家才能更有发展力量。

中国最有可能成为赋能型国家,一个重要的原因在于我们不但有政府治理机制,还有政党治理机制,这使得中国的国家与市场、社会,天然有一种更加紧密的有机联系。中国共产党既在政府之中,也在市场和社会之中,成为组织化社会的核心力量,韦伯说现代社会一个基本特征是组织化,中国共产党的一个重要创造就是在所有类型组织中都嵌入党的组织,不但政府内部有党组织,园区、企业、社会组织都建立了党的组织,而且党基层单元是和社会基层单元高度同构的。

战争时期,我们之所以强调支部建在连上,党小组建在班上,是由于连与班就是最小的作战单元,今天我们实际上是要把支部和党小组建在最小的生产单元上,实现与生产活动有机融合,这也是我们能够推动融合型党建的前提。正是党引领并嵌入市场与社会的功能,使得我们能够通过党建为经济社会发展赋能。

例如，笔者曾经到深圳前海调研其党建模式。前海党建模式是拓展融合型党建，包括"六大体系""九大行动"，融合型党建的根本是在探索党建政治经济学，解决党建和经济社会活动两层皮的问题，把党的政治优势、组织优势转化为前海开发开放优势，同时前海开发开放事业的推进，也为加强党的建设提供了抓手，为巩固党的领导提供更坚实的基础。前海党建引领与开发开放两手抓关键让党建赋能前海的开发开放。党建为前海开发开放赋能主要有以下四个途径。

第一，理论赋能。中国共产党能够从一个胜利走向另一个胜利，一个重要原因是由于我们是一个正确理论武装起来的政党，我们不但有物质武器，还有思想武器。前海开发开放短短十年间发展取得如此大的成就，也是正确理论与正确方针指导的结果，前海实践也证明了理论是正确的，前海模式是行得通的。始终要以先进理论指引前海实践，是党建能为前海开发开放提供最重要的赋能途径。

第二，理想信念赋能。中国共产党是由一群热血青年创建的政党，中国共产党是一个充满理想主义精神的热血政党，而前海是创业热土，也是奋斗热土。最近我看到两个很令人感动的前海党建口号："跟党去创业，跟党去奋斗"，这就体现了通过理想信念教育激发创业热情、奋斗热情的作用，未来要用红色文化引领和塑造前海文化，将党的理想主义精神、奋斗精神引领前海这种敢为天下先、敢拼敢闯的文化，实现有机融合。

第三，组织赋能。中国共产党根本上不同于西方的选举式政党，而是一种组织型的政党，是组织化国家与社会的力量。人类历史反复证明，体制组织化程度越高，就越能战胜组织化弱的体制。我们需要不断推进党的组织力，推进党建与生产经营活动的组织融合、机制融合、考核融合，充分运用党的组织化优势，来攻克前海开发开放面临的难题。例如，通过干部队伍建设引领人力资源建设，打造一支具有更强战斗力的队伍为前海开发开放提供人力保障；通过党支部先锋堡垒作用，带动科技攻关、项目攻关；通过党员先锋模范作用，带动员工的向心力，凝聚力等等。

第四，平台赋能。加强党群服务中心的平台功能，以党建全面引领创业园区建设，更好发挥党群服务中心搭建服务创新创业平台功能，为企业的创新创业提供更好平台。由党群服务中心提供企业公共服务，包括法律服务、公共设施服务、为创业企业提供培训等，由党群服务中心搭建生产与销售对接平台，提供上下游企业对接，提供资金、人才等生产要素的对接。由党群服务中心搭建政府对接纽带，提供政策咨询，提供与国家政策的对接，开展红色代办等服务。

五、党的领导与有机社会

现代社会一方面当然具有涂尔干所说的保持个体差异

性同时又相互依赖,以劳动分工为基础的团结[①],但是这种团结未必就能称得上是"有机团结"。现代社会不但摧毁了传统社会中那种基于亲缘、地缘、精神归属的"真实的、有机的共同体"[②],而且资本的力量在组织化个体同时也在原子化个体,个体成为各自为战的孤岛,人与人的关系被抽离为利益竞争与利益交换关系,进入信息时代后,个体生活方式进一步抽象化,而人与人之间的关系更加疏离。

在一个大规模的、流动的、陌生人协作为主的现代社会,要真正实现有机团结,需要在保持其多样性的同时,以共同性贯穿其中,中国能够成为有机社会的前提在于党的领导在其中扮演社会黏合剂、催化剂的角色,使得社会成为既保持高度多样性,又具有高度凝聚力的有机整体。

现代社会的基本特征就是组织化,中国共产党组织体系内嵌到不同类型组织中,机关单位、事业单位、公有制企业、非公有制企业、社会组织都可以设立党的基层组织,同时"支部建到连上",实现了社会组织的细胞单元与党组织细胞单元的结合(表4-5)。这强化了组织内部的组织化,提升了组织成员的凝聚力、基层的组织力,同时不同类型组织之间,社

[①] 涂尔干:《社会分工论》第1卷,渠东译,生活·读书·新知三联书店,2000年。

[②] 滕尼斯:《共同体与社会》,林荣远译,商务印书馆,1999年。

会组织、市场组织、国家组织又通过党的组织机制实现了有机联系,使得整个社会形成网络型组织架构。

表 4-5 中国不同类型组织党组织覆盖状况(2017)

	组织数(万个)	党组织数(万个)	覆盖率(%)
机关单位	23.3	23.2	99.7
事业单位	54.2	51.6	95.2
公有制企业	20.3	18.5	91.2
非公有制企业	256.8	187.7	73.1
社会组织		30.3	61.7

资料来源:中共中央组织部,《2017年中国共产党党内统计公报》;国家民政局,《2017年社会服务发展统计公报》。

党组织不但嵌入在生产单元之中,同样也嵌入在社区等生活单元之中,从而有可能在陌生人社会中重建传统社会那种"真实的、有机的"共同体。例如,我们在烟台市大海阳社区调研,就看到通过党组织群众,把社区建设成一个"大家庭"的典型。党支部通过组织党员、组织"圈子领袖"、组织群众来解决群众自身面临的问题,包括办老人食堂、办儿童临时托管中心、办调解中心、组织维修队、办养犬协会、办各种兴趣小组等,在帮助群众解决难题的同时,也调动了群众的积极性,活跃了社区氛围。同时烟台还在推进"两社融合",社区派单、社会组织接单,将社会组织服务功能对接社区服务需求。

涂尔干在他早年著作中将共同意识等同机械的一致性的看法显然过于机械,共同意识并不意味着多样性的泯灭,基于文化传统形成的共同意识,在提供社会团结纽带的同时,也为社会个体的创造性提供了营养土壤。基于共同意识的团结并未如他所预言地趋于退化,而且在现代社会显得日益重要。缺乏共同意识,不但共同奋斗无从谈起,甚至共同生活也异常困难。中国在共产党领导下,通过对于共同理想与共同价值观的塑造,人民不但有个体梦想,还有共同追求与共同梦想,调动了人民的积极性,增强了社会凝聚力。

现代社会不平衡的多元性的一个后果是个体之间、群体之间、群体与国家之间的冲突与对抗关系,这就是所谓的"消极团结"要面对的问题。在中国,党的领导起到了社会矛盾衰减器与协调器的作用。强调个体的集体意识与合作意识而非过分强化个体权利意识;强调不同阶层、不同群体之间、社会与国家之间的协作关系,而非对抗关系。

在"积极团结"方面,我们不但有高度活跃的各种社会组织,还有群团组织体系,行业协会、志愿者协会等,它们是国家与社会之间,不同社会组织之间的桥梁与纽带(表 4-6)。充分发挥共青团、妇联、工会、职工代表大会等组织的职工权益表达桥梁与职工自组织黏合剂的功能,形成职工主人翁地位的家园文化氛围。

表 4-6　部分群团组织联系范围

群团组织名称	联系范围
中华全国总工会	工人阶级,有 2.8 亿工会会员
中国共产主义青年团中央委员会	8 949.9 万名共青团员,联系全国 4.3 亿青年
中华全国妇女联合会	6.4 亿妇女(挂靠的妇儿工委还联系 7 500 万儿童)
中国文学艺术界联合会	各团体会员、文艺工作者和新的文艺组织、新的文艺群体
中国作家协会	团体会员 44 个,个人会员 9 301 人
中国科学技术协会	5 800 万科技工作者
中国法学会	广大法学工作者、法律工作者
中华全国归国华侨联合会	海外侨胞、港澳侨团及海外侨胞及其社团
中国人民对外友好协会	46 个中外地区、国别友好协会、157 个国家的近 500 个民间团体和组织机构
中华全国新闻工作者协会	全国广大新闻工作者
中华全国台湾同胞联谊会	台湾各族同胞
中国国际贸易促进委员会(中国国际商会)	11 万家会员企业
中国残疾人联合会	全国 8 502 万残疾人
中国红十字会总会	人道主义工作的社会救助团体
中国人民外交学会	各国政治活动家及社会知名人士
中国宋庆龄基金会	群众团体和公益慈善机构双重属性
黄埔军校同学会	黄埔军校同学组成的爱国群众团体
欧美同学会(中国留学人员联谊会)	38 家团体会员,10 万余名个人会员,15 个国别分会及"千人计划"专家联谊会
中国思想政治工作研究会	74 个团体会员
中华职业教育社	职业教育界和民办教育界有关人士

(续表)

群团组织名称	联系范围
中华全国工商业联合会	360万个会员，全国1 527.8万户企业
中国计划生育协会	9 400余万名会员

资料来源：根据群团组织官网资料整理。

党组织是组织化社会的核心力量，通过鼓励和规范各种类型的社会组织的发展，鼓励移动互联的新型共同体，鼓励发展线上线下的各种自组织活动，既有自组织，又有引导，形成不同类型组织信息互联、资源共享、有机协作的新型社会治理模式。这是一种民众小联合、中联合，再汇聚成全国大联合的新型社会治理模式，从而推进建设党的十九届四中全会要求的"人人有责、人人尽责、人人享有的社会治理共同体"。

2020年笔者曾经到浙江诸暨枫桥调研，可以看出新时代枫桥经验就是社会治理现代化的典型，社会治理现代化是党建引领的共治、法治、自治、德治、智治的"五治"融合治理现代化。党的领导是治理现代化的核心，共治是构建社会共同基础，社会治理是一核多元的多主体共同治理，党委领导、政府负责、民主协商、社会协同、公众参与，同时具有共同的经济基础，共同的价值纽带，共同分享成果。自治是发挥人民群众主体性，"枫桥经验"通过组织动员群众，通过民主选举、民主决策、民主管理、民主监督、民主协商，让群众解决自身问题，小事不出村、大事不出镇、矛盾不上交。法治是构建规范共同体，新时代"枫桥经验"实现了司法性与治理性、人民性的统一，体现了人民为中心的司法理念，注重诉源治理：大服务、大调解、大立案；教育先行、预警机制、调解机制、诉讼断后、分层过滤，注重矛盾纠纷的调解，注重综合治理。德治是构建价值共同体，传统国家治理本末次序是导之以德、饶之以财、约之以礼、齐之以政、裁之以法。这相当于为社会风险发生设置了五道防线，现代社会治理过分强调后端治理，有些本末倒置了，需要在现代的条件下去探索新型的德治、礼治等，加强国民心理建设、国民素质教育、家庭建设、社区共同体建设、工作单元共同体建设、社会组织建设、虚拟空间共同体建设。智治是推动治理的数字化、网络化、智能化，以智能化作为推进国家治理体系与治理能力现代化重要抓手，建设数据驱动、高度智能化，更加扁平、更加开放、更加公正，广泛可及、及时响应，用户友好型的，具有高度敏捷性、精准性、韧性的智能治理。

六、结语

中国式善治体系是由有道政党、有为政府、有效市场、有机社会共同组成，以保证人民的主体性，它不同于西方的选举政党、有限政府、自由市场以及公民社会的治理体系。

中国式善治的根本在于保障人民的主体性。党的十九届四中全会明确指出要坚持人民主体地位,确保人民依法通过各种途径和形式管理国家事务,管理经济文化事业,管理社会事务。

党的领导是实现中国式善治的关键。党的十九届四中全会明确指出要坚持和完善党的领导制度体系,提高党的科学执政、民主执政、依法执政水平。中国式善治体系既不是单中心治理体系,也不是多中心治理体系,而是试图将两种治理优势有机结合起来,是既分工又联通,既充分发挥各方积极性,又成为有机统一整体,既生动活泼,又一致高效的治理体系,我们也许可以把它称为"1+N"中心治理体系。

中国的实践表明,人类不但可以有所谓的最不坏的制度与治理,还能够有更好的制度与治理。展望未来,我们将在2035年基本实现治理现代化,在2050年全面实现治理现代化,中国不但会在国家发展上取得辉煌成就,在国家治理上也会取得独特的伟大成就,这种成就不但属于中国人民,也属于世界人民,它为世界上渴望实现现代化的国家拓宽了路径,为人类现代化的百花园增添了色彩。

本章研究受到清华大学文科建设"双高"计划创新方向建设专项C01"党的领导与国家治理现代化"(2023 TSG08104)的资助。部分内容发表于鄢一龙:《党的领导与中国式善治》,《行政管理改革》2020年第1期。

图书在版编目(CIP)数据

关键:中国共产党与中国道路/孟捷等著. —上海:复旦大学出版社,2024.3
ISBN 978-7-309-17328-4

Ⅰ.①关… Ⅱ.①孟… Ⅲ.①中国共产党-党的领导-研究 Ⅳ.①D25

中国国家版本馆 CIP 数据核字(2024)第 035633 号

关键——中国共产党与中国道路
GUANJIAN——ZHONGGUO GONGCHANDANG YU ZHONGGUO DAOLU
孟 捷 强世功 白 钢 鄢一龙 著
责任编辑/方毅超 于 佳

复旦大学出版社有限公司出版发行
上海市国权路 579 号 邮编:200433
网址:fupnet@fudanpress.com http://www.fudanpress.com
门市零售:86-21-65102580 团体订购:86-21-65104505
出版部电话:86-21-65642845
上海四维数字图文有限公司

开本 890 毫米×1240 毫米 1/32 印张 7 字数 123 千字
2024 年 3 月第 1 版
2024 年 3 月第 1 版第 1 次印刷

ISBN 978-7-309-17328-4/D·1187
定价:36.00 元

如有印装质量问题,请向复旦大学出版社有限公司出版部调换。
版权所有 侵权必究